# BRIDGING THE DIVIDE

*Judaic Traditions in Literature, Music, and Art*
Harold Bloom and Ken Frieden, *Series Editors*

Other titles in Judaic Traditions in Literature, Music, and Art

# BRIDGING
# THE DIVIDE

## THE SELECTED POEMS OF HAVA PINHAS-COHEN

### BILINGUAL EDITION

Edited and Translated from the Hebrew by
**Sharon Hart-Green**

*Syracuse University Press*

For a listing of books published and distributed by Syracuse University Press,
visit www.SyracuseUniversityPress.syr.edu.

ISBN: 978-0-8156-3419-5 (cloth)
978-0-8156-1054-0 (paperback)
978-0-8156-5333-2 (e-book)

**Library of Congress Cataloging-in-Publication Data**
Pinchas-Cohen, Chava, author.
[Poems. Selections. English]
Bridging the divide : the selected poems of Hava Pinhas-Cohen / edited and
translated from the Hebrew by Sharon Hart-Green. — First Edition.
pages cm — (Judaic traditions in literature, music, and art)
Includes bibliographical references.
ISBN 978-0-8156-3419-5 (cloth : alk. paper) —
ISBN 978-0-8156-1054-0 (pbk. : alk. paper) — ISBN 978-0-8156-5333-2 (ebook)
I.  Green, Sharon M., 1954–, editor, translator.  II.  Title.
PJ5054.P483A2 2015
892.43'6—dc23      2015019063

*Manufactured in the United States of America*

# Contents

# Contents

Contents

# Translator's Note

The poet made some (minor) changes to a few poems since their original publication in her earlier books. Thus, the Hebrew poems in this volume are taken from the revised versions of the poems that are found in the poet's 2008 volume of collected poems called *Shevi'it* (*Seventh*). In accordance with her decision to revise some of her poems, I have based my translations on these newer versions.

# Preface

My first encounter with Hava Pinhas-Cohen was one that still seems remarkably serendipitous to me. It was the summer of 2004, and I was speaking at a conference in Jerusalem where I happened to strike up a conversation with Menachem Lorberbaum, a professor of philosophy at Tel Aviv University. Hearing that my husband and I were spending a few extra days in Israel, Menachem graciously invited us to join him the next day for tea at his Jerusalem apartment. When we arrived, there was another guest there who rose quickly to introduce herself as we entered. She uttered her name quietly, and since I didn't catch it, I apologized and asked her to repeat it. When she said, "My name is Hava Pinhas-Cohen," I was dumbfounded. "Hava Pinhas-Cohen!" I exclaimed, trying to contain myself. "You're my favorite Israeli poet! I teach your poems at the University of Toronto."

Hava was apparently as shocked as I was. "You teach my poems in *Canada*?" She gasped. "I can't believe it!" Her eyes were dancing as she reached out to wrap me in an enormous hug.

That exchange marked the beginning of an ongoing friendship and collaboration that has lasted to this day.

I should mention that I had not set out to become a translator. The bits of translating I had done in the past were the result of being frustrated with the available translations I was compelled to use in my courses on Hebrew literature in translation. If I didn't like the way in which a poem had been rendered into English, I would often scrap the translation and do it myself. So even before meeting Hava on that fateful day in 2004, I had already translated a few of her poems for my use in the classroom. Confessing this to Hava on the day that I met her, she asked if I would be interested in doing more. All I could utter was a sincere "maybe." But before long the idea began to seep into me, like fine wine that takes time to settle. Her poems spoke to me in a way that none had done before. Why not try my hand at translating more of them and see what happened?

It is now more than ten years since that encounter, and I am pleased to say that I have translated almost a hundred of Hava's poems. The result of that painstaking but deeply gratifying venture is this volume.

There are many people and institutions that deserve my thanks. First of all, I am grateful to the Israeli publishing houses *Am Oved* and *HaKibbutz HaMe'uchad*, which kindly granted me the right to translate Hava Pinhas-Cohen's poems as well as to reprint them in the original Hebrew. I am also indebted to the Research Opportunity Program in the Faculty of Arts and Science at the University of Toronto. Not only did this program provide me with funding to support my project, but it gave me the chance to work with four talented undergraduate students whose assistance was exceedingly helpful: Sharon Novak, Oren Kraus, Noa Jasovich, and Kobi Bar.

I would also like to express my thanks to Deborah Manion, my outstanding editor at Syracuse University Press whose help at each stage of the editing process has been done with meticulous attention to detail combined with good cheer. Thanks also goes to Ann Youmans for her superb copyediting of this volume. I should also like to acknowledge the two readers to whom the volume was originally sent. I truly appreciate their useful comments and encouragement. In addition, I am grateful for the generous assistance of Harold Bloom and Ken Frieden, the series editors at Syracuse University Press, for taking a keen interest in the project from the very beginning and for helping to shepherd it through the publishing process.

A warm thank you also goes to my four Israeli friends whose friendship I treasure: Mazal Weicman, Shlomit Cohen, Rochi Book, and Shulamit Moryosef. Spending time with each one of them during their *shlichut* in Toronto was not only invaluable for honing my Hebrew skills, but it allowed me the luxury of becoming part of their lives. I look forward to presenting an inscribed copy of this book to each one of them on my next visit to Israel.

Of course, Hava Pinhas-Cohen deserves a huge thank you for encouraging me to take on this project. Along the way, she has generously given her time to helping me whenever it was needed, always trying her utmost to assist with the translations and to do whatever she could to see the long project through to completion.

More than anyone, my husband Ken deserves my deepest thanks. From the beginning, he had confidence in my abilities, offering praise for my translations when it was due, and gently criticizing my work when changes were needed. I knew that as a youth, he wrote poetry before becoming an academic. Even though he hasn't written poetry in years, his poetic ear is still finely tuned. I am grateful to him for his reassurance, wise judgment, and especially his love.

# Introduction

Hava Pinhas-Cohen's poetry charts a new course in modern Hebrew verse, reflecting the dialectical tension between religion and secularism at the core of modern Jewish life. As such, she writes poems that are secular in style and spirit, yet rooted in the life cycle of religious Judaism. Of course, it is not unusual to find Israeli poets who weave religious themes into their modernistic verse. One could even say that this has been one of the defining features of modern Hebrew poetry since the time of Bialik and Tchernichovsky. Yet there is a distinct difference between Hava Pinhas-Cohen and most other modern Hebrew poets. In her verse, religion is like a vital organ: it is an essential element of Jewish life lived fully in the present, yet it also serves as the glue that binds the Jews to their past history and sacred texts. For her, being a modern Jew plumbing the depths of the Jewish tradition is not merely an intellectual exercise or a nostalgic venture but a way of life. This does not necessarily entail a commitment to Orthodox Judaism. But it implies a close intimacy with religious practices and beliefs that shape Jewish life, giving it rhythm, structure, and meaning. At the same time, her poems reveal how difficult it can be to maintain one's freedom as a modern writer within the boundaries of religious life. For that reason, her verse may be seen to be a product of this struggle in the poet's soul. This does not diminish how her poems manage to brilliantly capture the dynamic pull of these two worlds—the secular and the religious—in the larger Israeli society as well.

Hava Pinhas-Cohen is not the only one of her generation whose adherence to religious life finds expression in poetic form. Among her contemporaries, there are a number of Israeli poets who have been navigating a similar path, such as Rivka Miriam and Admiel Kosman. Yet unlike Rivka Miriam's verse, which tends to focus on large theological questions, Hava Pinhas-Cohen's poems are firmly rooted in the everyday details of religious life. In her poems, Pinhas-Cohen embraces religion as a living entity, even if at times she is unable (or unwilling) to bend to its demands. In this respect, one may detect parallels to the verse of Admiel Kosman, whose inner battle with religion is marked by its caustic intensity. Yet unlike Kosman's approach, Pinhas-Cohen's view of religious life is defined not only by her struggle with its strictures but also by her appreciation of its joys: in other words, religion *gives* as much as it takes away. That said, Pinhas-Cohen's deference to religion in her poetry does not spill over into politics (as it frequently does in modern Israel where the two often become blurred). Indeed, politics is an area that she assiduously avoids in her verse; although there may be the occasional allusion to politics in her poetry, she manages to hover above the political fray. In this respect, her verse diverges from that of younger religious poets in Israel such as Yonadav Kaploun and Eliaz Cohen for whom the national struggle of the Jews in their ancestral homeland becomes the lifeblood of their verse.

For the translator, the poems of Hava Pinhas-Cohen present their own set of challenges. Besides the usual difficulties faced by anyone translating Hebrew into another language (such as how to translate the vast number of Hebrew words with multiple meanings and implied nuances), the translator of Pinhas-Cohen's poetry is met with a number of unique obstacles. Perhaps the primary difficulty is deciding what to do with the plethora of liturgical terms in her poetry. Should they be translated at all? Or should they merely be transliterated (and footnoted for the general reader)? The logic behind choosing the latter is that even if an English equivalent is available, it may not resonate with the reader as much as the Hebrew original, thus making it almost impossible to translate in a way that preserves its poetic integrity. For this reason, I have generally chosen the second option and used transliteration and notes.

One of the most daunting challenges in translating Pinhas-Cohen's verse is deciding how to proceed with those few poems that seem impossible to translate into English. One poem in particular stands out: "Kaddish Yetoma" (from *Poems of Orphe'a*) in which the poet delicately builds the key elements of the poem around the well-known Kaddish or Mourner's Prayer. Attempting to translate this poem into English (or opt for putting half the poem in transliterated Hebrew) not only became a linguistic nightmare but ultimately did a disservice to the magnificence of the poem. In the end, I decided to refrain from translating it into English, concluding that some works are better left untranslated. With some regret, I chose this path rather than attempting to convey in English what cannot be said well in anything but the original.

Hava Pinhas-Cohen was born in Jaffa in 1955 to Sephardic Jewish parents who immigrated to Israel from Bulgaria after the second world war. Her parents were staunch socialists who raised their daughter in a thoroughly secular environment. Nevertheless, she was drawn toward religion from a young age, perhaps influenced by her Ladino-speaking grandparents who retained some adherence to traditional practices. By the time she was sixteen, she became involved in Gesher, an organization dedicated to bringing together religious and secular Jews in Israel. Under this rubric, she began to explore traditional Jewish customs and beliefs along with some of the sacred texts of Judaism.

During her college years, she met Yossi Cohen, the son of a rabbi from Marrakesh, who had come to Israel as a child. She and Yossi eventually married and had four daughters. Hava Pinhas-Cohen's poetic career became firmly established during this period with the publication of her first three volumes of verse: *The Color Is the Main Thing* (1989), *Journey of a Doe* (1995), and *A River and Forgetfulness* (1998). Awarded several literary prizes, including the coveted Prime Minister's Award in 1995, her work soon achieved national acclaim. Not only was she recognized as a poet of profound sensitivity but as one with an acute awareness of her unique role as a woman. Her poems are filled with references to love, sexuality, fertility, and childbirth. Yet her identity as a woman does not exist in a vacuum. Her womanhood is expressed through her ties to religious ceremonies, festivals, ritual objects, and sacred texts, all of which are part of the life cycle associated with traditional Judaism.

In 1998, tragedy struck when Pinhas-Cohen's husband died after succumbing to cancer. Devastated by this loss, she eventually managed to transfer some of her grief into her work by producing a cycle of poems entitled *Poems of Orphe'a* (2000). Based loosely on the ancient Orpheus myth (the title representing the feminine form of the name Orpheus), these poems depict her obsessive yearning to rescue her husband from the grave, striving to make contact with him no matter how futile this attempt may be.

Following this loss, Hava Pinhas-Cohen's subsequent volumes of poetry took on a darker hue. Seeking answers from God for her suffering becomes a major theme. She even toys with the lure of idolatry as a way of testing the boundaries of her faith. She struggles with personal loneliness and the temptations of fleeting love interests. And all the while, she seeks to remain faithful to the God of her forefathers even when she feels abandoned by Him.

Alongside her career as a poet, Hava Pinhas-Cohen is the founder of the literary journal *Dimui* and served as its editor in chief for twenty-two years (1989–2008). More recently, she assumed the role of artistic director of the biennial literary festival *Kisufim* that has gained international recognition as the preeminent forum for Jewish writers around the world.

Nevertheless, writing poetry still claims most of Hava Pinhas-Cohen's deep inner resources. Having published eight volumes of poetry in Hebrew, she continues to produce verse marked by her characteristic sensitivity and passion as well as her relentless attempt to bridge the divide between the holy and profane. Clearly, her verse strikes a chord with those beyond the borders of Israel, as her poems have been translated into numerous languages including English,

French, Spanish, Serbian-Croatian, Dutch, Slovenian, Greek, Macedonian, Bulgarian, Hungarian, Norwegian, and Chinese.

The present volume is the first book of her poems to be published in English translation. Being the first of its kind, it endeavors to introduce Hava Pinhas-Cohen's poetry to English-speaking readers. By including a selection of poems from the first seven volumes of her work, this book hopes to give readers a taste of her verse as it developed through each distinct period of her life so far. But more importantly, it aims to display the distinctive talent of a poet who may be one of the most spiritually attuned voices in modern poetry today.

# BOOK ONE

from *The Color Is the Main Thing* (1989)

## משירי הבית

### א

יֵשׁ צִפֳּרִים נוֹדְדוֹת
וְיֵשׁ חוֹלוֹת נוֹדְדִים
וְיֵשׁ יְהוּדִי נוֹדֵד. מִין צֶמַח כָּזֶה

אֲבָל אֵלֶּה רַק שֵׁמוֹת
רָאִיתִי פִּינְגְוִין מְאֹהָב בְּלֶב קֶרַח כָּחֹל
מֵבִיא לְזוּגָתוֹ סֶלַע לַקֵּן
אַחַר כָּךְ הֵבִיא עֶצֶם מְגֹרֶדֶת וַאֲפִלּוּ
נוֹצָה שֶׁנָּשְׁרָה מִזָּכָר אַחֵר

"זוֹהִי אַגָּדָה צְפוֹנִית," אָמַר לִי בְּבוֹאוֹ
"לָנוּ יֵשׁ עֹגֶן," הוֹסִיף בְּבִיאָתוֹ וְנִרְאָה מְאֹהָב
בְּכָל נַפְשׁוֹ וּבְכָל מְאֹדוֹ
וְיָצָא וּמְזוּזוֹת הַבַּיִת בְּיָדוֹ.

### ב

כְּמוֹ סְגֻלָּה הָיְתָה בָּהֶם לְשָׁמְרֵנוּ
וּכְשֶׁנִּדְמָה שֶׁהִנֵּה שְׂדוֹת הַכֻּתְנָה כְּבָר עֲרֻמִּים
וְהַיּוֹרֶה בְּעִתּוֹ וְעוֹלָם כְּמִנְהָגוֹ
וּמִשְׁכָּבֵי עוֹדֶנּוּ חַם וּכְבָר בּוֹעֵר הַיַּעַר
רֵיחַ הַשְּׂרָף הוֹצִיא צִפֳּרִים נֶחְפָּזִים

הִשְׁאַרְנוּ אַחֲרֵינוּ מַשְׁקוֹפִים רֵיקִים וּשְׁעָרִים
פְּתוּחִים וַעֲרֻמִּים וּמְצֻלָּקִים

# From Songs of Home

A

There are migrating birds
And there are shifting sands
And there's the Wandering Jew. A type of plant.

But these are just names
I once saw a penguin in love with one whose heart was cold as ice
He brought a stone to his mate in her nest
And later a well-scraped bone and even
A feather that was shed by another

"That's just a northern tale," he said to me
"We have an anchor," he added, appearing to be in love
With all his soul and all his might
Leaving with the mezuzot[1] of the house in his hand.

B

They were supposed to protect us like a treasure
But when it appeared that the fields of cotton were already bare
And the first rains of the season had arrived as usual
My bed became warm and the forest was ablaze
The smell of fire caused the birds to flee in haste

Behind us we left empty doorframes and gates
Open and naked and scarred

# וישכם אברהם

וַיַּשְׁכֵּם אַבְרָהָם.
הוּא לֹא יָדַע שֶׁהָלַךְ בְּהָרֵי יְרוּשָׁלַיִם
הַשֶּׁמֶשׁ קְרוֹבָה עֲדַיִן לְהָרֵי מוֹאָב
וְהַטְּרָשִׁים צְבוּעִים אָדֹם זָהָב
וְרוּחַ קָרָה נַחְשׁוֹן בֵּין רוּחוֹת הַסְּתָו
נוֹגַעַת בְּעַצְמוֹתַי וּמְכַוֶּצֶת עוֹרִי.


טָמַנְתִּי בָּאֲדָמָה שֶׁהִשְׁאִירוּ הַסְּלָעִים בֵּינֵיהֶם
פְּקָעוֹת נַרְקִיס וְכַלָּנִית
זָרַעְתִּי יַרְקוֹת חֹרֶף וְעָלִים לְמָרָק
שֶׁלֹּא כְּאָבִי, לֹא שָׁתַלְתִּי עֲצֵי פְּרִי וַאֲרָנִים
לֹא רִמּוֹן לֹא תַּפּוּז וְאַף לֹא זַיִת
בִּזְהִירוּת, בִּזְהִירוּת
זָרַעְתִּי רַק אֶת אֵלֶּה אֲשֶׁר יְמַהֲרוּ לְהָשִׁיב לִי אֶת
אַהֲבָתִי.

# And Abraham Woke Early

And Abraham woke early.
Unaware that he was walking in the hills of Jerusalem
The sun still close to the hills of Moab
The rocky ground was painted red and gold
And the first cold wind of autumn
Seeped into my bones and caused my skin to shrivel.

In the soil that was left between the rocks
I buried daffodil and anemone bulbs
I sowed winter vegetables and soup greens
Unlike my father, I did not plant fruit trees or pines
Or pomegranates or oranges or even olives
Carefully, carefully
I sowed only those that will quickly return
My love.

## געגועים

לְבֵית הַכְּנֶסֶת הַמָּרוֹקָאִי שֶׁבִּרְחוֹב רָשִׁ״י
יָקוּמוּ עוֹד מְעַט לִסְלִיחוֹת. שָׁם הַחַלּוֹנוֹת
בְּגֹבַהּ הָעֵינַיִם, הַחֹשֶׁךְ לֹא מַפְחִיד אוֹתָם
כִּי בְּסוֹף הַדֶּרֶךְ מְחַכָּה לָהֶם כּוֹס תֵּה
עִם נַעְנָע שֶׁהֵכִין הַשַּׁמָּשׁ הַזָּקֵן.
הַלַּיְלָה הִפְסַדְתִּי קוֹנְצֶרְט בְּצַוְתָּא, הַרְבֵּה קוֹנְצֶרְטִים
הִפְסַדְתִּי בִּשְׁבִיל מַשֶּׁהוּ אַחֵר. וְאוֹתָם יְמֵי אֱלוּל
הַמִּתְרַחֲשִׁים בְּמָקוֹם אַחֵר נִסְפָּרִים בְּדָמִי.
שׁוּם הִתְכַּחֲשׁוּת לֹא תַּעֲזֹר
לַעֲקֹר גַּעְגּוּעִים

הֲרֵי כָּל חֶלְקִי בֵּין יוֹשְׁבֵי קְרָנוֹת
וְכוֹס תֵּה שֶׁהִשְׁאַרְתִּי עַל שֻׁלְחָן יָרֹק
בְּבֵית קָפֶה הָפוּךְ שִׁמְשָׁה עָלָה לִבְרִיחָה
אֶל הָאִישׁ הַשְּׁלִישִׁי.

כ״א באלול תשמ״ה

# Longings

Soon they'll get up for Selichot[2] prayers and go
To the Moroccan synagogue on Rashi Street. With windows
At eye level, the darkness does not frighten them
For at the end of their journey there waits a cup of tea
With mint prepared by the old beadle.
Tonight I missed a concert at Tzavta Hall,[3] many concerts
I missed for something else. These are the days of Elul[4]
They take place somewhere else but are counted in my blood.
Denial will not help
Uproot these longings.

Though I dwell among the idlers
I left my cup of tea on the green table
At Café Hafuch[5] which serves as an escape
To another man.

(21 Elul, 1985)

# לך בכיוון החץ

בְּמוֹצָאֵי שַׁבָּת כְּשֶׁכּוֹסוֹת דְּבִיקוֹת
כְּמוֹ מִגְדַּל קֻבִּיּוֹת שֶׁנָּפַל בַּכִּיּוֹר. וְהַסִּפּוּר
הִסְתַּיֵּם כְּשֶׁאָלָדִין בָּנָה אֶת אַרְמוֹן הַזָּהָב

עוֹד בְּכִי מְכֹעָר וְעָלוּב מְצַפֶּה
לִסְלִיחוֹת וּלְרַחֲמִים יַעֲזֹב אוֹתִי. בְּכִי,
עַל אֵינְאוֹנוּת בָּרְגָעִים וּבַמִּקְרִים בְּגִיל אַחֵר
מְזַנְּבִים אַחַר נְקֻדַּת זִנּוּק אוֹ תַּצְפִּית
נוֹחָה לַחַיִּים. בִּירוּשָׁלַיִם עַכְשָׁו הָאַשְׁכְּנַזִּים
קוֹרְאִים סְלִיחוֹת. הַסְּפָרַדִּים הִתְחִילוּ לִפְנֵי שְׁלֹשָׁה שָׁבוּעוֹת
הֵם שָׁרִים בְּקוֹל אֵל מָלֵא וְרַק עֲקֵבוֹת שֶׁהִשְׁאַרְתִּי
בְּשׁוּלֵי דַּפִּים בֵּין מְגֵרוֹת מְאַשְּׁרִים שֶׁהַבְּכִי אָרֹךְ
וְחוֹזֵר עַל עַצְמוֹ כְּמוֹ שִׁיר מִזְרָחִי חֲסַר פִּתְרוֹן
חֲסַר רַחֲמִים. אֵיךְ אֶפְשָׁר לָשִׁיר מִתּוֹךְ גְּלִימָה וְתָוִים
אֵל מָלֵא וְלָדַעַת שֶׁרַחֲמָיו כְּלוּאִים בְּבַקְבּוּקִים בִּמְעָרוֹת נִסְתָּרוֹת.

הַמִּלִּים שֶׁבְּיָדֵינוּ כְּמוֹ כְּנִיסָה לְמָבוֹךְ מְצֻיָּר. שָׁלֹשׁ
אֶפְשָׁרֻיּוֹת רַק אַחַת נְכוֹנָה, לֵךְ בְּכִוּוּן הַחֵץ

כ״א באלול תשמ״ה

## Follow the Arrow

After the Sabbath when the cups are stuck together
Like a tower of ice falling into the sink. The story
Ends with Aladdin building the golden palace.

The ugly and wretched weeping will leave me
Still expecting forgiveness and mercy. Weeping,
For the impotence of moments and incidents that at another age
Were held back at the starting line
Or a comfortable view of life. Now in Jerusalem the Ashkenazic
    Jews
Are reciting the Selichot[6] prayers. The Sephardic Jews began three
    weeks ago
Chanting *El Malei*[7] and only traces that I left
In the margins of pages in drawers confirm that the weeping is long
And repeats itself like a mizrachi[8] song without a resolution
Without mercy. How is it possible to sing while wearing this mantle
    and with the notes
Of *El Malei* knowing that His mercy is locked in bottles in hidden
    caves.

The words at our disposal are like the entrance to an illustrated
    maze. Three
Choices and only one is correct, follow the arrow

(21 Elul, 1985)

# ערב יום כיפור

מְחַטֶּטֶת בְּזִכְרוֹנוֹת שֶׁל מִישֶׁהוּ אַחֵר.
הָרֵיחַ הַזָּר בְּבֵית שֶׁחְיָה שֶׁל אִשָּׁה הֲדוּרָה
הַכֶּתֶם הַבִּלְתִּי נִמְחָק מֵחֲזִיָּתוֹ שֶׁל אִישׁ אַחֵר. אוּלַי כְּבָר מֵת.
בַּבֶּגֶד הַיָּשָׁן שֶׁמָּדְדָה וְהֶחֱלִיפָה וּמָדְדָה בַּחֲנוּת שֶׁבְּשׁוּק בְּצַלְאֵל

אֲבָל כָּל זֶה אֵינוֹ אֶלָּא
תַּבְנִית נוֹף מוֹלֶדֶת זָרָה
וְאֶצְלֵנוּ הַחֲגָלוֹת כָּל הַקַּיִץ מְקַרְקְרוֹת
בְּקוֹל מְשֻׁנֶּה וְדֵבִּי הָיָה נוֹהֵג כָּל שַׁבָּת
בַּבֹּקֶר לָצֵאת לְצַיִד לְהָבִיא חֲגָלָה אוֹ מַשֶּׁהוּ אַחֵר.
וְנִירָה מָצְאָה אֶת הַצּוּק הַיָּפֶה בְּיוֹתֵר
בַּחֲנִיתָהּ בְּעֶרֶב יוֹם כִּפּוּר הִיא קָפְצָה
כִּי לֹא יָכְלָה יוֹתֵר. לַלְּוָיָה הַזֹּאת בְּדִיּוּק
הִתְכּוֹנְנָה כָּל חַיֶּיהָ כִּי יָדְעָה שֶׁתָּמוּת בַּחַגִּים
בְּעֶרֶב יוֹם כִּפּוּר בְּלִי כָּל נִדְרֵי כְּשֶׁהַגֶּפֶן בֶּחָצֵר הִצְהִיבָה
וְהַסּוּסָה מְיַחֶמֶת וְהַכְּפָר שָׁקֵט וְרָגוּעַ וְלֹא מִתְפַּלֵּא.

ט״ו בחשוון תשמ״ו

## Yom Kippur Eve

Digging through someone else's memories.
The unfamiliar odor of an elegant woman's armpit
The irremovable stain on the vest of another man. Perhaps he's dead
already.
An old garment tried on and changed and tried on again at the
shop in the Betzalel Market.[9]

But all of this is nothing but
A bird's-eye view of a foreign homeland.
Here the partridges crow all summer long
Emitting an odd sound and Dubi would travel every Shabbat
In the morning to hunt partridge or something else.
And Nira found the most glorious cliff
At Hanita and on the eve of Yom Kippur she jumped
Because she wasn't able to go on. For just such a funeral
She prepared all her life since she knew she would die on the
Holidays
On the eve of Yom Kippur without Kol Nidre[10] when the vines in
the yard turn yellow
And the mare is in heat and the village is calm and quiet and not
surprised.

(15 Heshvan, 1986)

# מוריד הגשם

הַשָּׁנָה הַחֹרֶף הִקְדִּים
אוֹתִי. כָּל צִפִּיּוֹתַי לְגֶשֶׁם נִדְחוּ לַחֲלוֹם עַל
עִיר זָרָה גְּשׁוּמָה וְעֶרְגָּה שֶׁאֵינִי יוֹדַעַת טִיבָהּ תִּמָּשֵׁךְ
מִמֶּנִּי אֶל אַחַד הַחַלּוֹנוֹת בַּקּוֹמָה הַשְּׁלִישִׁית בָּרְחוֹב שֶׁשְּׁמוֹ
מַתְחִיל בְּ"הַשְּׂדֵרָה הַ..." הֶמְשֵׁךְ לֹא בָּרוּר אוּלַי לֹא חָשׁוּב
אֶת בִּגְדֵי הַחֹרֶף אֲנִי מַחֲלִיפָה מִבִּגְדֵי הַקַּיִץ וּמֵעֵבֶר לַחַלּוֹן
סְלָעִים רְחוּצִים עוֹנִים בְּבָרָק מְסַנְוֵר לַשֶּׁמֶשׁ הַבָּאָה לְיַבֵּשׁ בֵּין
שִׁבְרֵי עָנָן בְּבֵית הַכְּנֶסֶת עוֹד לֹא בִּקְּשׁוּ "מוֹרִיד הַגֶּשֶׁם" עוֹלֵי
רֶגֶל דִּמְיוֹנִיִּים שָׁבִים בִּדְרָכִים רַבּוֹת מֵאוֹתוֹ מָקוֹם וְלֹא רָצִיתִי לוֹמַר כָּל זֹאת
אֶלָּא כְּדֵי לְסַפֵּר עַל כָּל אוֹתָן מִלִּים יָפוֹת הַמּוֹלָדוֹת בָּרֶגַע
שֶׁל הַדְלָקַת נֵרוֹת וְכָבוֹת עַל הַשְּׂפָתַיִם וְלֹא תִּהְיֶינָה לְשׁוּרוֹת וְאוֹתָהּ
אִשָּׁה מְקַפֶּלֶת חֻלְצָה קְצָרָה לְמַדָּף עֶלְיוֹן וְיוֹדַעַת שֶׁעוֹד שָׁנָה
עָצְרָה גֶּשֶׁם בְּחָזָהּ לְעוֹלֵה רֶגֶל שֶׁאֵחַר. יֵשׁ נֶחָמָה בְּרֵיחַ הַכְּבָסִים
בָּאָרוֹן כְּמוֹ בָּרֵיחַ הַנּוֹדֵף מֵעוֹרוֹ שֶׁל הָאִישׁ
בְּחֻמּוֹ שֶׁל יוֹם קַיִץ בָּעִיר

חשוון תשמ"ה

## Prayer for Rain

This year the winter came early
for me. All my expectations of rain were postponed by a dream
    about
a rainy foreign city that I yearn for though I can't identify it and it
    pulls
me to one of the windows on the third floor on a street whose name
begins with "boulevard" but the rest is unclear and maybe not
    important
I switch my winter clothes to summer attire and on the other side of
    the window
are washed stones that gleam from the dazzling light of the sun but
    will become dry
among the bits of cloud on the synagogue where the Prayer for
    Rain[11] has not yet been uttered
by imaginary worshippers who return on many paths from the
    same place and I did not want to say all of this
other than to speak about all of those beautiful words that are
    created at the moment
of lighting candles and are extinguished on the lips never to become
    lines of poetry and that same
woman folds a short-sleeved shirt and puts it on the top shelf
    knowing that in a year
the rain will end in the heart of a worshipper who always comes
    late. There is consolation in the scent of laundry
in the closet just as there is in the scent that is emitted from the skin
    of a man
in the heat of a summer day in the city

(Heshvan, 1985)

# הנרי מור

עִם הַזְּמַן זֶה לֹא גּוּפִים זֶה חֲלָלִים.
כְּשֶׁגּוּף אֶל גּוּף נוֹגֵעַ וְלַזֵּעָה יֵשׁ רֵיחַ
וְשֵׂעָר שָׁחוֹר עִם שֵׂעָר אַחֵר
מִתְעָרֵב וּקְצוֹת הָאֶצְבָּעוֹת נִתְקָלוֹת
בִּקְמָטִים, אָז בְּעַד הַחֲלָלִים עוֹבְרִים
זְרָמִים עַתִּיקִים וּכְשֶׁכָּל מִשְׁקַל גּוּפִי
עַל אַרְבַּע מִתְנוֹעֵעַ אָז הֶנְרִי מוּר יָדַע
אוֹתִי. אֵין אִפּוּר. וּתְמִימוּת, זֶה מוּתָרוֹת
לַעֲשִׁירִים. וַחֲוָיָה, זוֹ שְׁאֵלָה שֶׁל גִּישָׁה
אָז, אֲנַחְנוּ בְּיֹשֶׁר מְנֻחָמִים

י״ד באלול תשמ״ה

# Henry Moore

After a while they are no longer bodies but spaces.
When bodies touch one another and sweat has a smell
and when black hair is tangled with
other hair, and when fingertips encounter
wrinkles, then ancient currents pass through
these spaces and the weight of my body
pulls me down on all fours, then Henry Moore knew
me. Without makeup. Innocence, that's a luxury
for the rich. And experience, it's a question of attitude
At that point, we are truly consoled

(14 Elul, 1985)

# אישה

אַתָּה תָּמִיד תּוּכַל לְקַנֵּחַ עַצְמְךָ מִמֶּנִּי
וַאֲנִי יְכוֹלָה לָשֵׂאת זַרְעֵךְ עוֹד שָׁעוֹת אֲרֻכּוֹת
אִישׁ לֹא יֵדַע זֹאת בְּלֶכְתִּי בָּרְחוֹב.
אַתָּה יָכוֹל לְהֵעָלֵם מִן הָאֲדָמָה בַּמִּלְחָמָה הָאַחֲרוֹנָה
וַאֲנִי יְכוֹלָה לָשֵׂאת יַלְדְּךָ עוֹד שָׁנִים אֲרֻכּוֹת
בִּלְעָדֶיךָ. אוּלַי זֹאת סִבַּת הָעַקְשָׁנוּת שֶׁהַשֵּׁם
הַשַּׁיָּךְ לַמִּשְׁפָּחָה יִנָּשֵׂא אַחֲרֶיךָ, וּמָה אַחֲרַי.
אַחֲרַי יִשָּׁאֵר הַזִּכָּרוֹן וְכָל הַמַּבָּטִים שֶׁאָסַפְתִּי
בְּחַיַּי יִהְיוּ הַמַּחֲרֹזֶת עַל צַוְּארֵי בִּתֵּנוּ

## Woman

You can always cleanse yourself of me
I carry your seed for many hours
No one would know this as I walk down the street.
You could have vanished from the face of the earth in the last war
And I'd carry your child for many years
Without you. Maybe that is the reason for the stubbornness, that
    the name
Belonging to the family will be carried on after you. But what after
    me.
After me, memory will remain and all the glances I gathered
In my life will form a string of beads on the neck of our daughter

# הצבע בעיקר

כְּאִלּוּ הָיְתָה זוֹ בְּעָיָה שֶׁלִּי
בְּדִידוּת. זֹאת לֹא שֶׁלִּי
אֲנִי, לְבֵיתִי כְּבָר עָשִׂיתִי וּבְכָל זֹאת
מִי יִתֵּן יָדַעְתִּי וְאָבוֹא עַד תְּכוּנָתוֹ
שֶׁל אוֹתוֹ חָלָל. נִסִּיתִי לָדַעַת בְּמִלִּים
וּדְבָרִים לְהָבִין; מַה יֹּאמַר לִי עַל עַצְמִי
עַל אוֹתוֹ חוֹר בְּתוֹכוֹ אֲנִי מֶרְכָּז בַּמַּעְגָּל
וּמִשְׁקֹלֶת הַמְּטֻטֶּלֶת חוֹבֶקֶת צַוָּארִי.

הָרַדְיוֹ יָשִׁיר וְהַסֵּפֶר יֹאמַר;
יֵשׁ חַיִּים אֲחֵרִים.
כְּבִיסָה מְקֻפֶּלֶת סְדִינִים מְצֻיָּרִים
גּוּפִיּוֹת יְלָדִים וּמַגֶּבֶת צִבְעוֹנִית
מִלִּים יְשָׁרוֹת בְּלִי צֵל וּבְלִי אוֹר

אוֹתוֹ זְמַן, יֵשׁ דְּבָרִים שֶׁקּוֹרִים מֵעַצְמָם,
צְפוּיִים; כְּבָסִים רְטֻבִּים שֶׁהָרוּחַ מְיַבֵּשׁ.
שְׁתֵּי כּוֹסוֹת אֹרֶז יָבֵשׁ בְּמַיִם
רֶבַע שָׁעָה עַל אֵשׁ נְמוּכָה
גַּם יֶלֶד הֲכַנְתִּי שֶׁיְּמַלֵּא אוֹתִי
לַמְּרוֹת מַחְשְׁבוֹתַי. חַי.

וְזֶה נוֹתֵן שָׁהוּת לְהָבִין לְמָשָׁל
פַּעֲמוֹנִים הַקְּשׁוּרִים בְּחוּטֵי תְּכֵלֶת
לְכַנְפוֹת הַכֹּהֲנִים. הַצֶּבַע בְּעִקָּר,
אַחַר כָּךְ הַצְּלִיל.

## The Color Is the Main Thing

As if it were my problem
Loneliness. It's not mine.
Me, I've looked after my own. And yet
If I only knew how to grasp the shape
Of the void. I tried to know with words
To understand things. What it would tell me about myself
About that hole in which I am the center of a circle
With a heavy pendulum around my neck.

The radio will sing and the book will say:
There is another life.
Folded laundry. Patterned sheets
Children's undershirts and a colorful towel
Direct words without shadow or light

At the same time, some things happen by themselves,
Predictable; wet laundry dried by the wind.
Two cups of dry rice in water
Fifteen minutes on a low heat
I also prepared a child to fill me
Despite my thoughts. Alive.

And this gives pause to understand, for example:
Bells tied with threads of blue
To the corners of the priestly vestments. The color is the main thing,
Only then comes the sound.

# אינטימיות

הִיא נוֹתֶנֶת בִּי מַבָּט
אֲנִי נִבְלַעַת בָּאִישׁוֹן
לֹא מַפְרִיד בֵּינֵינוּ דָּבָר לֹא הַגּוּף
אוּלַי הַנְּשָׁמָה. הִיא יוֹצֶרֶת לִי אַקְלִים מְמֻזָּג
עִם רֵיחַ זֵעָתִי הֶחָלָב הַטָּרִי וְהֶחָלָב שֶׁהֶחְמִיץ
בִּשְׂפָתֶיהָ בְּהַפְרָשׁוֹתֶיהָ בְּמַחֲזוֹר דָּמִי.

זוֹ אִינְטִימִיּוּת שֶׁאֵין לָהּ פֵּשֶׁר, אֲבָל יֵשׁ
לָהּ קִיּוּם זְמַנִּי בַּזְּמַן שֶׁלִּי
הִיא עוֹצֶרֶת אֶת הַמְטֻטֶּלֶת שֶׁהוֹלֶכֶת אִתִּי
בְּמַחֲזוֹר הַשָּׁנָה שֶׁלְּרֶגַע הִקְרִישׁ

כָּךְ יְמֵי אֱלוּל דּוֹמִים לִימֵי תַּמּוּז לְאַפְּרִיל
הַקּוֹד; רֵיחוֹ שֶׁל הֶחָלָב הֶחָמוּץ בְּכֻתָּנְתִּי

# Intimacy

She gives me a look
I am swallowed up in her pupil
There is nothing separating us, not the body
Maybe the soul. She creates for me a temperate climate
With the smell of my sweat and the fresh milk and the milk that
     soured
On her lips in her excretions in my menstrual blood.

This is intimacy that has no explanation, though it has
A short-term existence in my time
It stops the pendulum that accompanies me
In the cycle of the year that for the moment has become frozen

Thus are the days of the fall like the days of summer and spring
The code: a smell of soured milk on my shirt

# התייחדות

אֲנָשִׁים גְּבוֹהִים בְּטַלִּיתוֹת
כְּמוֹ צִפֳּרִים לְבָנוֹת
עַל הָרֵי יְרוּשָׁלַיִם.
מַה נִּסְתָּר תַּחַת הַגְּלִימָה –
מַלְכוּת לְשָׁעָה,
אוּלַי. וַאֲנִי בְּמַחֲשָׁבָה
זָרָה מַה כָּמַהְתִּי אוֹ, מַה
לְהִתְכַּנֵּס בְּרַגְלַיִם יְחֵפוֹת וְלַחֲסוֹת
תַּחַת טַלִּית הַכֹּהֵן הַגָּדוֹל שֶׁלִּי
וּבִתְפִלַּת כֹּהֲנִים, שְׁתַּיִם, שְׁתַּיִם
יָדֶיךָ לְפָנִים. רָצִיתִי שֶׁתִּמָּשֵׁךְ הַתְּפִלָּה
וִיהְיֶה גַּג עַל הָרֹאשׁ, וְקִירוֹת לְבָנִים.
כָּל הַקָּהָל לְפָנִים
יָנִיד גַּם לִי רֹאשׁוֹ הַמַּלְבִּין
וְאוּלַי אָז, גַּם כָּל הַנִּסְתָּרוֹת
יִהְיוּ גְלוּיוֹת
כְּמוֹ מַשְׁמָעוּת
הֶהָרִים סָבִיב –
לִירוּשָׁלַיִם

ד׳ בחשוון תש״ן

## Secluded

Tall men in prayer shawls
Are like white birds
On the hills of Jerusalem.
What is concealed beneath the cover?
Majesty for an hour
Perhaps. And I with my strange thoughts
How I yearn
To enter barefoot and take refuge
Under the prayer shawl of my own *Kohen Gadol*[12]
And during the priestly blessing there are two, two
Of your hands in front. I wanted the prayer to continue
To be a roof overhead, and white walls.
The entire congregation before us
Will bow their graying heads to me as well
And maybe then, all that is hidden will also
Become revealed
Like the meaning
Of the hills that encircle
Jerusalem.

(4 Heshvan, 1989)

## זכרון אבותינו

בְּרֹאשׁ הַשָּׁנָה, לֹא הִרְכַּנְתִּי רֹאשׁ
בְּמַלְכֻיּוֹת, אֲנִי יָלַדְתִּי, הַמֶּלֶךְ הָיָה שָׁם לְבַדּוֹ.
הִתְכַּסֵּיתִי זִכְרוֹנוֹת. אָבִי, אָבִי,
כְּמוֹ פָּרָשׁ עַל כְּתֵפָיו נָשָׂא אוֹתִי
לִרְאוֹת בְּעַד חַלּוֹן בֵּית הַכְּנֶסֶת הַסְּפָרַדִּי
בְּסוֹף רְחוֹב "שֶׁבַע טְחָנוֹת" לְיַד הַיַּרְקוֹן
לִהְיוֹת חֵלֶק מֵהַקָּהָל
הַלָּבָן וְהַנּוֹשֵׁם
בְּרֶגַע תְּרוּעָה
בִּנְשִׁיפָה, בְּצִמְצוּם –
שְׁעַת פְּתִיחָה
וּנְעִילָה

בֶּחָצֵר, פֶּרַח יַסְמִין
מַנְדָּרִינָה וְגוּיָאבָה בְּתֹם לֵב נָשְׂאוּ סְתָו.
לַגֶּשֶׁם אֵין רֵיחַ, הָאֲדָמָה הִיא הַנּוֹתֶנֶת רֵיחַ רָקָב וְשָׁרָשִׁים
וַעֲלֵי שׁוֹשַׁנִּים נוֹטְפִים עַל הָאֲדָמָה הַמְּאֻוְרֶרֶת
הֵם כְּבָר אָז יָדְעוּ שֶׁגַּם אִם הָרוּחַ מְטַאטֵא סִימָנִים
יָבוֹא הַזִּכָּרוֹן
לְטוֹבָה וְחֵן
לְחֶסֶד וּבְעִקָּר לְרַחֲמִים

## Remembering Our Fathers

During Rosh Hashanah, I did not bow my head
To his Kingship; I was giving birth. The King was there alone.
I swathed myself in memories. My father, my father,
He carried me on his shoulders like a knight
So that I could see through the window of the Sephardic synagogue
At the end of Seven Mills Street, next to the Yarkon River
To be part of the congregation
White and breathing
At the moment of *tru'ah*[13]
Blowing, contracting—
At the hour of opening
And closing.[14]

In the yard, jasmine flowers
tangerines and guava innocently usher in the autumn.
Rain has no smell. It is the earth that exudes an odor of roots and
    decay
The leaves of lilies seeping into the fresh earth
already know that even if the wind sweeps away all signs
Memory will come
Of the good and the pleasant
Of mercy and most of all, compassion.

הַאִם יָדַע אָז אָבִי
שֶׁאֵין מַשְׁאִירִים יֶלֶד לְבַד
לְיַד חַלּוֹן הוֹמֶה
שֶׁקּוֹל שׁוֹפָר
קוֹרֵעַ מִתּוֹכוֹ
הַאִם יָדַע.

בְּרֶגַע חָטוּף שֶׁל אֱלוּל
הָלַךְ אָבִי
וּמִדֵּי דַּבְּרִי בּוֹ
זָכוֹר אֶזְכְּרֶנּוּ עוֹד
עַל כֵּן –
שֶׁלֹּא כְּסֵדֶר הָעוֹלָם
שָׁנִים רַבּוֹת אַחֲרֵי –
בְּרֶגַע הֲנָקָה
הָמוּ מֵעַי
לוֹ

ד׳ בחשוון תש״ן

Did my father know at that time
That one should not leave a child alone
Beside a noisy window
With the cry of the shofar
Tearing out from within
Did he know?

In a snatched moment in the month of Elul[15]
My father went away
And although I spoke against him
I surely remember him well[16]
And so—
Although it is not the way of the world
Many years later—
At the moment of nursing
My heart
Longs for him still.

(4 Heshvan, 1989)

# פוטוסינתזה

חָשַׁבְתִּי לִהְיוֹת עָלֶה אֶ־חָד
בֵּין עֲלֵי הַדֶּשֶׁא
אוֹ מַחַט –
בֵּין עַנְפֵי הָאֹרֶן
יְחִידָה בֵּין קָהָל מְרַשְׁרֵשׁ
קוֹל בִּקְהִלָּה שֶׁל מַטָּה
מֵעֵבֶר לַפַּרְגּוֹד, רַחַשׁ נָשִׁים
מְמוֹלְלוֹת בְּשִׂפְתוֹתֵיהֶן תְּפִלַּת יְחִידָה
מְטַפַּחַת צִבְעוֹנִית וּבֹשֶׂם שׁוֹשַׁנִּים תָּפֵל
עֲנֵנוּ אָבִינוּ, עֲנֵנוּ
וְנִמְצְאוּ וַדַּאי דִּבְרֵיהֶן מְכֻוָּנִים
וּבַקָּשָׁתָן עַל חוֹלָה אוֹ עֲקָרָה
פַּרְנָסָה אוֹ בְּתוּלָה שֶׁעָבַר זְמַנָּהּ

אֲנִי – מְחִצָּה עָשִׂיתִי –
חַלּוֹן בֵּרַרְתִּי בְּתוֹךְ מִסְגֶּרֶת עֵץ
וּפָנָיו מִזְרָחָה לְבֵית קְבָרוֹת מַלְבִּין
לְיַד פַּרְדֵּס

אֵיךְ הַצֶּמַח אֶת הָאוֹר סוֹפֵג
וְיוֹדֵעַ לְהַטְמִיעַ וּלְהוֹצִיא –
פְּרִי וִיהֵא גַּם –
זֶרַע. אֵיךְ
עֲנֵנִי אָבִי עֲנֵנִי

ד׳ בחשוון תש״ן

## Photosynthesis

I thought I'd be one leaf
Among the blades of grass
Or a needle—
In the pine branches
Lone in a rustling crowd
A voice in the world, in the congregation
On the other side of the curtain, women whisper
Their lips uttering a lone prayer
A colorful kerchief and the stale smell of rose cologne
Answer us, our Father,[17] answer us,
And no doubt their words are focused
Their entreaties on behalf of the sick and the barren
For a decent livelihood or for a spinster who is past her prime.

I made my own *mechitzah*[18]
A window in a wooden frame
Facing east toward the pale cemetery
Near an orchard

How does the plant absorb the light
And know how to combine and produce—
Fruit and also—
Seed. How?

Answer me, my Father, answer me.

(4 Heshvan, 1989)

# סימנים

כְּמוֹ אֵשֶׁת לוֹט.
כְּמוֹ שָׂרָה מֵהָגָר בִּקְּשָׁה אֶת יָדוֹ
הַקָּשָׁה שֶׁל אַבְרָם רַךְ־לֵבָב

בְּמַבָּט לְאָחוֹר –
בְּמָקוֹם בּוֹ הִשְׁאִירַנִי אָבִי –
נִשְׁאַרְתִּי בַּת שְׁמוֹנֶה,
תַּצְלוּם שֶׁהִצְהִיב. וּמִי שֶׁהָלַךְ
הָלַךְ וּפָנַי בְּיָדָיו
כְּמוֹ מַיִם שׁוֹטְפִים
חַלּוּקֵי נְחָלִים
וְעֵבֶר שֶׁגָּדַל בִּי, אוֹמְרִים –
נָשַׁר. וַאֲנִי חוֹבֶקֶת בַּלֵּילוֹת
יוֹדַעַת שֶׁיִּגְדַּל

"זוֹ הַגֵּיאוֹלוֹגְיָה," אָמַר,
"פֵּרוּרִים שֶׁנָּשְׁרוּ, שָׁקְעוּ וְקָשׁוּ."
אַחַר כָּךְ הָיְתָה כְּאַרְכֵיאוֹלוֹגְיָה
שֶׁהוֹתִירָה חֲרָסִים וּבָהֶם –
חֲרוּטִים סִימָנִים לֹא פְּתוּרִים

מַיִם רוֹטְטִים בְּכוֹס זְכוּכִית
זִכְרוֹן יַד סָבִי הָרוֹעֶדֶת
מַגִּיעִים לְאִטָּם לִפְנֵי אִמִּי.

מֵעוֹלָם, אַף־פַּעַם לֹא יָדַעְתִּי
לְהִפָּרֵד

חֻלְשַׁת נָשִׁים

# Signs

Like Lot's wife.
Like Sarah asking Hagar for the hard hand
Of soft-hearted Avram.

Looking back—
At the place where my father left me
I remained a child of eight,
A yellowed photograph. And he who left
Went away with my face in his hands
Like water flowing
Dividing streams.
Likewise a fetus grew in me, and they said—
It had been shed. But I hugged myself at night
Knowing that it would grow.

"This is geology," he said,
"Particles that shed, sink in, and harden."
Afterwards, it was as if archeology
Had left behind pottery shards—
With signs engraved on them that cannot be interpreted.

Water shaking in a glass cup
A memory of my grandfather's hand trembling
Slowly approaching my mother.

Never, have I ever known how
to separate

A weakness of women

# BOOK TWO

from *Journey of a Doe* (1995)

# שֵׁם מפורש

כֻּלָּם כְּבָר הָלְכוּ אֶל הָהָר וּמְחַכִּים
מְחַכִּים לִרְאוֹת בְּשֶׁקֶט רַב מְחַכִּים
שֶׁלֹּא כְּמִנְהָגָם גַּם הַחֲמוֹרִים גַּם הַגְּמַלִּים
בַּשֶּׁקֶט הַזֶּה צִפּוֹר לֹא צִיְּצָה
גַּם יְלָדִים עַל כִּתְפֵי אֲבוֹתֵיהֶם,
וְהַשֶּׁקֶט רַב מִנְשֹּׂא כְּמוֹ לִפְנֵי דָּבָר
נוֹרָא וְגָדוֹל וַאֲנִי עוֹד רָצִיתִי
לְהַסְפִּיק וְלִתְלוֹת אֶת הַכְּבָסִים
לַעֲשׂוֹת זְמַן לְעַצְמִי לְתַקֵּן רֵיחוֹתַי
וְחִמַּמְתִּי אֶת הֶחָלָב לַתִּינוֹק שֶׁלֹּא יִרְעַב
שֶׁלֹּא יִבְכֶּה חָלִילָה בָּרֶגַע הַלֹּא
מַתְאִים כַּמָּה זְמַן עַד כְּלוֹת. הַצִּפִּיָּה
שֶׁתִּתְיַבֵּשׁ הַכְּבִיסָה וְהַתִּינוֹק מָה
אִישׁ לֹא יָדַע
וַאֲנִי רָאִיתִי שֶׁרוּחַ קַלָּה, כְּמוֹ נְשִׁימָתוֹ שֶׁל אִישׁ יָשֵׁן עָבְרָה
בַּכְּבָסִים וְנִפְּחָה כְּרֵסָהּ
שֶׁל כֻּתָּנְתִּי וּמַפַּת הַשַּׁבָּת
הָיְתָה מִפְרָשׂ לָבָן בְּאֶמְצַע הַמִּדְבָּר
וְיָצָאנוּ מִשָּׁם עַל הַתְּכֵלֶת
הַרְחֵק לַמָּקוֹם בּוֹ

נִפְרֹט רִמּוֹנִים וְנֹאכַל עֲסִיסָם
לַמָּקוֹם בּוֹ
לָאַהֲבָה
שֵׁם מְפֹרָשׁ

# An Ineffable Name[1]


Everyone had already gone up to the mountain and was waiting
waiting to see, waiting with great stillness
that is so out of character, even the donkeys and the camels
are immersed in the quiet, no bird chirps
even children on their fathers' shoulders,
and the tremendous quiet is too much to bear like before
a great and horrible event yet I still wanted to
hang up the laundry
and leave time to dab on perfume
and I warmed the baby's milk, so he wouldn't be hungry and
start to cry, heaven forbid, at the
wrong moment, how much time until it's over. I expect
the laundry will dry but the baby who knows.
No one knew
and I saw that a light wind, like the breath of a sleeping man, went
     through
the laundry and inflated the belly
of my nightgown and the Sabbath tablecloth
was a white sail in the middle of the desert
and we departed from there upon the pale blue
to a faraway place where

We'll crack open pomegranates and suck their juices
to a place where
love
is an ineffable name

# ערב חג

## א

בַּחֲרִיקַת עֲצָמוֹת מִצַּוָּארָהּ הַמְעֻקָּם לְתַלְפִּיּוֹת
לְאֹרֶךְ שִׁדְרָתָהּ
סַכִּין מְשֻׁנֶּנֶת בַּעֲלַת לַהַב שָׁחוֹר
נָעַצְתִּי בֵּין יְרֵכֶיהָ בָּעוֹר הַלַּח הָרַךְ וְהַנִּמְתָּח
לְבֵין גּוּפָהּ. (מַעֲשֵׂה אָמָּן)
נִתַּקְתִּי אֶת רַגְלֶיהָ הָרַכּוֹת זוֹ אַחַר זוֹ
אַחַר כָּךְ אֶת כְּנָפֶיהָ הַמְקֻפָּלוֹת
(לְצַד גּוּפָהּ הַלָּבָן, הַחִוֵּר מִתָּמִיד)
אַחַר כָּךְ רָחַצְתִּי יָדַי
מִתַּרְנְגֹלֶת הָעֲווֹנוֹת שֶׁלִּי
לְמָרָק שֶׁל חַג
וְרֵיחַ מְרַפֵּא שֶׁל גֶּזֶר, בָּצָל, סֶלֶרִי
תַּפּוּחַ־אֲדָמָה וּפֶּטְרוֹזִילְיָה וְתַבְלִינִים
עִם רַגְלֵי עוֹף מִלֵּא
אֶת הַחֲדָרִים

## On the Eve of a Holiday

A.

Cracking the bones of her magnificent twisted neck
Along the length of her spine
I plunged my sharp black-bladed knife
Into the soft wet elastic skin between her thighs
And body (expertly done)
One by one I cut off her supple feet
Then her pleated wings
(on the white side of her body, which is paler than usual)
After that I washed my hands
Of this chicken who bears my sins[2]
For the holiday soup.
And a healing aroma of carrot, onion, celery
Potato, parsley, spices
And chicken feet
Filled the rooms.

## ב

שִׁשָּׁה רִמּוֹנִים בְּקַעֲרַת חַרְסִינָה אַרְמֶנִית בְּעִטּוּרֵי תְּכֵלֶת קוֹבַּלְט
וּכְחוֹל קַבָּלִי, שִׁשָּׁה רִמּוֹנִים חַכְלִילֵי לְחָיַיִם מְנִיחִים אֶת עֵינַי
אֶת נַפְשִׁי. יָדַי אֲדֻמּוֹת מֵעֲסִיס רִמּוֹנִים
וְיָדַי נְקִיּוֹת. נִשְׁבַּעְתִּי.
מִישֶׁהוּ מַצְמִיד בֶּחָצֵר קוֹרָה לְקוֹרָה לַעֲשׂוֹת צֵל אֲרָעִי
וּמִישֶׁהוּ אַחֵר חָתַךְ בִּיסוֹדוֹת בֵּיתִי

כִּי בֵּין הַקִּירוֹת הַמִּתְרַפִּים בַּלֵּילוֹת קוֹלוֹת שַׁיְּרוֹת
נְמָלִים חוּמוֹת חוֹדְרוֹת לְתוֹךְ מְגֵרוֹת הַכֵּלִים
וְעַכְבִּישׁוֹת חִוְּרוֹת רַגְלַיִם
בָּנוּ בֵּיתָן בַּפִּנּוֹת וְהֵטִילוּ בֵּיצִים שְׂעִירוֹת
כְּאִלּוּ כְּבָר הִשְׁאַרְנוּ לָהֶן
חֲדָרִים רֵיקִים

B.


Six pomegranates in an Armenian porcelain bowl adorned with
    cobalt
and Kabbalistic blue, six pomegranates whose dark red cheeks
    comfort my eyes,
my soul. My hands are crimson from the pomegranate juice
my hands are clean. I swore.
Someone is assembling beams in the yard to make a temporary
    shelter
and someone else is penetrating the foundations of my house.


Because at night, between the sagging walls, are sounds
of brown ants invading my drawers in convoys
and pale-legged spiders
building homes and laying their hairy eggs in corners
as if we have already relinquished to them
our empty rooms

# גבולות

וְאָמַרְתָּ לִי שֶׁגְּבוּלוֹתַי
הוּצְרוּ שֶׁעֵינַי הָיוּ פְּקוּחוֹת
תְּרִיסֵיהֶן חוֹרְקִים וּמַבָּטָן
נִסְגָּר מֵאֲחוֹרֵי זְכוּכִית

וְאָמַרְתָּ לִי בְּבוּז שֶׁלְּשׁוֹנִי יָרְדָה
לְלַחֵךְ שְׁלוּלִיּוֹת.

וְקַמְתִּי וְקִפַּלְתִּי אֶת אַרְבַּע
כַּנְפוֹת הָאָרֶץ וְשַׂמְתִּי לִמְרַאֲשׁוֹתַי שֶׁאִם לֹא אוּכַל עוֹד
לֵילֵךְ בָּהּ
אֶשְׁכַּב אִתָּהּ

וּבַלַּיְלָה יַעֲלוּ מִתּוֹכִי אוֹתִיּוֹת
וְיִפְרְחוּ כְּמַלְאָכִים
מִגּוּפִי הַבּוֹעֵר
וְלֹא תֹּאמַר לִי עוֹד
דָּבָר

שֶׁקָּשֶׁה לִי לְשֵׂאתוֹ.

# Borders

And you told me that my borders
Have contracted and that my eyes which were open
Are blinds that creak and their glance
Closed off behind glass

And with scorn you told me that my tongue had descended
To licking puddles.

And I rose and rolled up the four
Corners of the country and placed them under my head so if I am
    not able
To tread on it
At least I can lie down on it

And at night there ascended from within me letters
That will float like angels
From my burning body
And you will not say to me another
Word

That I cannot bear.

## דם

וְהָיָה הַדָּם לְאוֹת
לִי בְּתוֹךְ הַבַּיִת
בְּשִׁעוּל בְּכוֹרָתִי וּבִבְכִי
חוֹרֵשׁ שֶׁהָיָה עֵדוּת
חִלּוּפֵי זְמַנִּים

אַחַר כָּךְ הֵחֵלּוּ אוֹתִיּוֹת
רוֹקְדוֹת בְּתוֹךְ בָּתֵּי
מְזוּזוֹת
לוֹבְשׁוֹת צוּרָה
וּמִתְפַּשְּׁטוֹת מִדְּמוּתָן
זָרוֹת לַכּוֹתֵב וְלַקְּלָף
עִם קוֹצִים וְעִם
כֶּתֶר

הָיִיתִי וְרָאִיתִי אֶת הַדָּם
עַל הַבַּיִת

שִׁבְעָה יָמִים אָפִיתִי לֶחֶם
לְמַלֵּא בְּרֵיחוֹ הַמְנַחֵם
אֶת חֲזֵה הַבַּיִת

# Blood

And the blood became a sign
For me inside my home
In my firstborn's coughing and crying
That ploughed through me and was a testimony
To changing times

Then the letters began
To dance inside the houses
Of the mezuzot[3]
Taking on shape
And shedding their identity
Becoming foreign to the scribe and parchment
With thorny tips and
Crown

I was and I saw the blood
On the house

Seven days I baked bread
So that its comforting fragrance would fill
The bosom of my home.

# בית עם חצר

בַּהֲפוּגָה שֶׁלְּאַחַר הַגֶּשֶׁם הַזָּר בְּעָצְמָתוֹ
כְּשֶׁכָּל זִכְרוּתוֹ שֶׁל הַדֶּקֶל טָבְלָה בִּשְׁלוּלִית אוּבָלִית
בְּשׁוּלֵי מִגְרַשׁ כַּדּוּרְסַל שְׁכוּנָתִי
הַתִּינֹקֶת בִּקְּשָׁה לְהִגָּמֵל
וְרֶטֶט עָבַר בְּגֵוָהּ שֶׁל אִמִּי.
חִלַּצְתִּי צְעָדַי
וְיָצָאתִי אֵצֶל חָצֵר אַחַת שֶׁיֵּשׁ בָּהּ
כִּיּוֹר טִיט וּמֶלֶט וּבֶרֶז מְטַפְטֵף
לַהֲרְדּוּף, לַנַּעְנָע וְלַסִּרְפָּד

חָצֵר שֶׁאוֹר שֶׁל שַׁבָּת יוֹצֵא מִמֶּנָּה
גַּם בִּשְׁאָר יָמוֹת
וּמְרִיצָה שֶׁיָּדִיּוֹתֶיהָ עֵץ
שְׁעוּנָה לַקִּיר שֶׁאֲבָנָיו כִּרְכָּר וּבֹץ אֲדַמְדַּם
מַדְבִּיקָן זוֹ לָזוֹ

שֶׁדֶּלֶת שֶׁל רֶשֶׁת פְּתוּחָה בָּהּ בְּמִרְוַח
שִׁיבֵּר וָחֵצִי
חָצֵר שֶׁיֵּשׁ לְדוֹבֵב אוֹתָהּ
בְּטֶרֶם יָבוֹא חַמְסִין
וְרוּחַ מִזְרָחִית
וּמִישֶׁהוּ יִתְעַקֵּשׁ לַהֲפֹךְ
עַפְעַפֶּיהָ הָעֲצוּמִים
כִּבְתוֹךְ שֶׁלּוֹ

# A House with a Yard

In the respite that comes after an unusual downpour
The palm tree's trunk submerged in an oval puddle
Right there at the edge of a neighborhood basketball court
The baby wanted to be weaned
Causing a shiver to go down a mother's spine.
So I picked myself up
And went to a certain yard where there is
A sink made of clay and mortar, and a faucet that drips
For the oleander, the mint, and the nettle

A yard from which the light of the Sabbath glows
Even during the rest of the week
And a wheelbarrow with wooden handles
Leans against a wall made of gravel bricks with red mud
That holds them together

Where a screen door is open
Just a crack
A yard that will be forced to talk
Before the coming of a heat wave
Or an east wind
Where someone will stubbornly try to pry open
Its closed eyelids
Which are turned inward

# זמן

הִגִּיעַ הַזְּמַן לְהִכָּנֵס לְתוֹךְ
הֵרָיוֹן
לְצַלֵּל בְּבִרְכַּיִם מְקֻפָּלוֹת
לַבֶּטֶן אֶל תּוֹךְ מֵי
הַשָּׁפִיר בְּעֵינַיִם
עֲצוּמוֹת
לְהִתְבּוֹנֵן בַּזְּמַן הַמְּפֹרָד
בְּהִלּוּךְ אִטִּי
כְּמוֹ עֲנַן רֵיחַ הַסְּפִּירְט
הַנִּשְׁאָר לְאַחַר פְּרֵדַת הַקְּלִפָּה
מֵהַתַּפּוּז כְּמוֹ מִכְחוֹל הַיּוֹצֵא לְדַרְכּוֹ
מִשְּׁפוֹפַרְתּוֹ אוֹ אִשָּׁה
מֵעֻבָּרָהּ הַמַּחֲלִיק
בְּהִלּוּךְ אִטִּי מִתּוֹךְ הִצְטַבְּרוּת שֶׁל כְּאֵב
לָעוֹלָם

כְּמוֹ צֶלֶם
מֵאֱלֹהָיו

מַבָּט
מֵעֵינָיו.

# Time

The time has come
To enter the state of pregnancy
To plunge with folded knees
Into the belly of fetal water
With eyes
Closed
Looking at time detached
In slow motion
Like a cloud of fragrance that lingers
After the spurt of a peeled
Orange like an artist's brush on its way
From the tube or a woman
Who is pregnant slipping
In slow motion from accumulated pain
Forever

Like the image
Of God

A glance
From His eyes.

# בקשה

כַּאֲשֶׁר תִּינוֹק בְּיָדִי
וְחָלָב אֱנוֹשִׁי רוֹקֵם אֶת חַיָּיו,
בָּאִים בַּלֵּילוֹת פְּעִימוֹת וְקוֹלוֹת קְצוּבִים
רַכָּבוֹת –

בְּתַחֲנָה מְסֻיֶּמֶת עַל הָאָרֶץ הַזֹּאת
בְּרַגְלַיִם יְחֵפוֹת בְּקֹצֶר־יָד
פָּשַׂטְתִּי זְרוֹעוֹת
כְּמוֹ קַרְנֵי אַיִל מִתּוֹךְ סְבַךְ
לְחִישַׁת הָאָרֶץ לַשָּׁמַיִם
שְׁמַע, וַעֲשֵׂה סֻכַּת רַחֲמֶיךָ
כְּמוֹ צֵל הַגֶּפֶן וְהַתְּאֵנָה
אַל תְּנַסֵּנִי, נָא.

יֵשׁ עֵצִים וְיֵשׁ סְבַךְ רֵיחַ שֶׁל אֵשׁ
וּמַרְאֵה עָשָׁן. עִם אִמָּהוֹת לֹא מְשַׂחֲקִים
מַחֲבוֹאִים –

בְּקֹצֶר יָדִי מְכַסָּה עַל עֵינַי
קוֹלִי אוֹבֵד בִּצְעָקָה
אַל־קוֹלִית

אַיֶּכָּה

# Request

When a baby is in my arms
Its life woven with human milk
At nights there come heartbeats, thumping voices
Trains—

At a certain station in that land
Barefoot and weak
I spread my arms
Like the horns of a ram in a thicket[4]
The earth whispering to the heavens
Hear, make a canopy of your mercy
Like shade for the vine and the fig tree
Please, do not put me to the test.

There is wood and thicket, a smell of fire
And the sight of smoke. Don't play hide-and-seek
With mothers—

Weakly I cover my eyes
My voice is lost in a scream
That can't be heard

How could this happen?[5]

# קריעה

כְּשֶׁהַכֹּל קָרְאוּ
כְּשֶׁהַכֹּל קָרְאוּ
וּסְבִיבִי הָיְתָה צְפִיפוּת בְּשָׁמַיִם
וְרַחַשׁ קִפְלֵי בַּדִּים חֲדָשִׁים
״אֲדֹנָי הוּא הָאֱלֹהִים״
שֶׁבַע פְּעָמִים –
אֲדֹנָי הוּא הָאֱלֹהִים
עוֹדִי סְבוּכָה בִּשְׂפָתַי
מְבַקֶּשֶׁת לַעְצֹר בֵּין
קְרִיאָה לִקְרִיאָה
נִמְשְׁכָה שִׂמְלָתִי וְנִמְשְׁכָה
וְנִקְרְעָה
בְּיָדָהּ שֶׁל בִּתִּי
שֶׁהִתְיַגְּעָה
בִּקְרִיאָתָהּ:
אִמָּא, אִמָּא, אִיממממָההה

י״א בתשרי תשנ״ב

# Tearing

Everyone cried out
Everyone cried out
Around me the air was thick with perfume
And the noise of new fabric rustling
"Adonai hu ha-Elohim"[6]
seven times
"Adonai hu ha-Elohim"
still caught on my lips
Trying to pause between
Each proclamation
Tugging at my dress, tugging
And tearing
Was the hand of my daughter
Who had grown weary
From crying out:
"*Eeee—ee—ee—ma—a—a—a—a . . .*"[7]

(11 Tishri, 1991)

# תפילה לאם בטרם שחרית

בְּשָׁעָה שֶׁאֲנִי עוֹמֶדֶת לְבַשֵּׁל דַּיְסַת סֹלֶת
הָסֵר מִמֶּנִּי כָּל מִינֵי מַחֲשָׁבוֹת זָרוֹת
וּכְשֶׁאֲנִי נוֹגַעַת בְּגֵו הַתִּינוֹק וּמַדָּה חֻמּוֹ
שֶׁיֵּלְכוּ מִמֶּנִּי כָּל מִינֵי טְרָדוֹת
שֶׁלֹּא יְבַלְבְּלוּ מַחְשְׁבוֹתַי.
וְתֵן לִי אֹמֶץ לְזַכֵּךְ פָּנַי
שֶׁיּוּכַל כָּל אֶחָד מִילָדַי
לִרְאוֹת פָּנָיו בְּתוֹךְ פָּנַי
כְּמוֹ בְּמַרְאָה רְחוּצָה לִקְרַאת חַג

וְאֶת הַחֹשֶׁךְ הַמְשֻׁקָּע מִפְּנִים
פָּנַי – כַּסֵּה בְּאוֹר.
שֶׁלֹּא תִּפְקַע סַבְלָנוּתִי וְלֹא יֵחַר גְּרוֹנִי
מִצְּעָקָה מִתְחַבֶּטֶת וּמִתְעַבָּה
שֶׁלֹּא יִהְיֶה לִי רִפְיוֹן יָדַיִם
מוּל הַבִּלְתִּי נוֹדָע
וְשֶׁלֹּא יִפָּסֵק אַף לֹא לְרֶגַע
מַגַּע בָּשָׂר בְּבָשָׂר בֵּינִי לְבֵין יְלָדַי

תֵּן בִּי אַהֲבָתְךָ שֶׁיְּהֵא בִּי דַּי לַעֲמֹד בְּפֶתַח הַבַּיִת וּלְחַלְּקָהּ
בְּפַשְׁטוּת בָּהּ פּוֹרְסִים לֶחֶם וּמוֹרְחִים חֶמְאָה כָּל בֹּקֶר
מֵחָדָשׁ נִיחוֹחַ חָלָב רוֹתֵחַ וְגוֹלֵשׁ וְרֵיחַ הַקָּפֶה מְכַסִּים
עַל קָרְבַּן תּוֹדָה וְקָרְבַּן תָּמִיד
שֶׁאֵינִי יוֹדַעַת אֵיךְ נוֹתְנִים.

# A Mother's Prayer before Dawn

At the hour when I am about to cook porridge
May all my strange thoughts recede
And when I touch my baby's back to check his temperature
Let all my troubles leave me
and not confuse my thoughts.
Give me the strength to wash my face
So that each one of my children
Will see his face in mine
Like a mirror cleaned for a holiday.

And may the darkness that is sunk within
My face—be covered with light.
So that my patience not break nor my throat grow parched
From a troubled thickening scream
May I not become powerless
Against the unknown
And may I never cease for even a moment
To feel the touch of my children's flesh against my own

Give me your love so that I will have enough of it in me to stand at
    my doorway
Sharing it simply as slicing bread and spreading butter each
    morning anew
The aroma of boiling milk overflowing and the lingering smell of
    coffee
Is an offering of thanks and an eternal offering
That I do not know how to give.

# פנים אחרות

הַכֹּל חַיָּבִים בִּרְאִיָּה
וּבַהֲרָחָה וּבְהַקְשָׁבָה
לְקוֹלוֹת הַמַּיִם הַמְחַלְחֲלִים
בַּסֶּלַע הַקַּרְטוֹנִי שֶׁמִּתַּחַת לָעִיר
לִבְדִידוּת הַטִּפּוֹת בְּבוֹאָן עַל
הַדּוֹלוֹמִיט. וְרֵיחָהּ הֶחָרִיף שֶׁל
הַמַּרְוָה הַמְגָרֵד בְּשַׂעֲרוֹתָיו אֶת
קְצוֹת עֲצַבַּי. לַמַּגָּע הַקְּטִיפָתִי, כְּמוֹ תְּנוּךְ
אָזְנוֹ שֶׁל תִּינוֹק, עָלֶה אֵזוֹב זָעִיר
שֶׁבִּמְקוֹם לְרַפֵּא כְּאֵבֵי לֵב
וּנְפִיחוּת הַגּוּף מֵעִיד עַל הַחְמָצָה שֶׁעָשִׂינוּ לָנוּ
כְּשֶׁבָּאנוּ בְּפָנִים אֲחֵרוֹת
אֶל תּוֹךְ הָמוֹן
שֶׁבְּרַגְלָיו לִטֵּף
אֶת אַבְנֵי הַמַּרְצֶפֶת
וּבְפִיו נוֹשֵׁק לְאַבְנֵי
הַחוֹמָה הַמַּעֲרָבִית
וְלֹא רָאִינוּ
שֶׁבֵּין יְרוּשָׁלַיִם
לֶחָצֵר
הָיִינוּ וְהָיִינוּ
חַיָּבִים

בִּרְאִי־יָהּ

## Other Faces

Everything needs sight
And smell and hearing
The sounds of water seeping
Into the chalky stone that lies beneath the city
The loneliness of the drops as they reach
The dolomite. The sharp odor
Of a sage plant whose bristles
Make my nerves quiver. The velvety touch of a tiny hyssop leaf
Like the lobe of a baby's ear
That instead of healing my aching heart
And swollen body testify to the losses we bring upon ourselves
When we arrived with other faces
Into the crowd
To caress the cobbles
Under our feet
And kiss the stones
Of the Western Wall[8]
With our mouths
But we did not see
That between Jerusalem
And the courtyard
We have been
And need to be

In the sight of God

# היום בו הארץ החלה להקיא

הַיּוֹם בּוֹ הִתְחַלְתִּי לְהִשְׁתַּגֵּעַ אוֹ הַיּוֹם בּוֹ הָאָרֶץ
הֵחֵלָּה לְהָקִיא זֶה הַיּוֹם בּוֹ רָאִיתִי אֶת הָאֲדָמָה
וְהִיא מְקַמֶּרֶת אֶת גֵּוָהּ כְּמוֹ חָתוּל מָלֵא כַּוָּנָה
וְגַל גָּדוֹל שֶׁל יַבָּשָׁה הָיָה עוֹלֶה
וְעוֹלֶה עַל גַּבּוֹ מִתְרוֹמְמִים עֵצִים וְשָׂדוֹת וּבָתִּים

גְּדֵרוֹת אֶבֶן וּגְדֵרוֹת עֵץ
וּשְׁעָרִים יְרֻקִּים

וּבַת קוֹל יָצְאָה וְקָרְאָה בְּאָזְנַי
אֵיפֹה הַצַּדִּיק שֶׁיַּחֲזִיק הָעוֹלָם בְּיָדָיו
אֵיפֹה הַצַּדִּיק שֶׁיַּחֲזִיק אֶת הָאָרֶץ בְּיָדָיו
אֵיפֹה הַצַּדִּיק שֶׁיַּחֲזִיק

וְרָאִיתִי אוֹר וְלֹא יָדַעְתִּי מַה מְּקוֹר הָאוֹר
רָאִיתִי חֹשֶׁךְ וְלֹא יָדַעְתִּי מַה מְּקוֹר הַחֹשֶׁךְ
וְצָעַקְתִּי מִתַּחַת לְגוּף הַלַּיְלָה
"אֲנִי מְקוֹר הַחֹשֶׁךְ
אֲנִי מְקוֹר הַחֹשֶׁךְ
מִמֶּנִּי נוֹלַד, מִתּוֹכִי"

וְאִם אֲכַוֵּץ אֶת כָּל שְׁרִירֵי הַטַּבָּעוֹת שֶׁלִּי
אוּלַי לֹא יָבוֹא הַחֹשֶׁךְ לָעוֹלָם
יִשָּׁאֵר בְּתוֹכִי יִתְעַבֵּר

# The Day the Country Began to Vomit

The day I began to go crazy or the day the country
began to vomit[9] that is the day I saw the land
arching its back like a cat ready to pounce
and a huge wave of earth rose higher
and higher lifting up trees and fields and houses

stone fences and wooden fences
with green gates

And a divine voice spoke into my ear
Where is the *tzadik*[10] who'll bear the world in his hands
Where is the *tzadik* who'll bear the country in his hands
Where is the *tzadik* who'll bear

And I saw light but did not know the source of the light
And I saw darkness but did not know the source of the darkness
And I screamed out from under the weight of the night
"I am the source of darkness
I am the source of darkness
From within me it's born, from within me."

But if I contract all my inner muscles
Perhaps the darkness will never come
And it will remain implanted in me

יִגְדַּל שָׁם כָּלוּא
בְּתוֹךְ הָעוֹלָם הַפְּנִימִי
יֹאכַל יִשְׁתֶּה וְיִלְמַד
בִּכְתַב מַרְאָה
וְיִהְיֶה אוֹרְיָן

גַּל גָּדוֹל שֶׁל אֲדָמָה בָּא וְעָלָיו גוֹלְשִׁים בָּתִּים קְטַנִּים
עִם מְטַפֵּס קוֹצָנִי, אוֹ יַסְמִין וְגַגּוֹת רְעָפִים
וַאֲרֻבּוֹת מֵהֶן יוֹצֵא עָשָׁן לָבָן
וְכֶלֶב בֶּחָצֵר נוֹבֵחַ הַב הַב הַב
עוֹד מְעַט יִתְנַפֵּץ הַגַּל בְּקֶצֶף
עָלַי

מֵהַמָּקוֹם בּוֹ אֲנִי נִמְצֵאת –
עֲדַיִן אֵינִי יוֹדַעַת הֵיכָן הַצַּדִּיק שֶׁעַל כְּתֵפָיו הָאָרֶץ
וַעֲדַיִן אֵינִי יוֹדַעַת אִם הָאָרֶץ
מְקִיאָה אוֹתִי
אוֹ עָלַי

growing there
confined to an inner world
eating drinking and studying
writing as in a mirror
becoming script.

A huge wave of earth comes overflowing and on its surf are little
    houses
with jasmine or prickly vines, and tiled roofs
with chimneys giving off white smoke
and a dog in the yard barking woof woof woof
But before long the wave crashes down
Upon me

From where I am now—
I still can't find the *tzadik* who bears the world
And I still don't know if the country
Vomits me
Or upon me

# ארץ

אֵין דֶּרֶךְ לוֹמַר זֹאת
אֶלָּא שֶׁזּוֹ כְּמוֹ רֶחֶם אַגָּסִי פְּנִימָה
אֶרֶץ בְּתוֹךְ אֶרֶץ טְמוּנָה וְאֵין דֶּרֶךְ
לְהוֹצִיאָהּ מִשָּׁם אֶלָּא לִרְאוֹתָהּ בִּלְבַד
מוֹצִיאָה מִתּוֹכָהּ אֱמֶת
כְּמוֹ שֶׁרַק אֱמֶת מַצְמִיחָה
שֶׁשְּׁתֵּי פָּנִים לָהּ וִילָדִים הַרְבֵּה וְכָל יוֹם
מֵחָדָשׁ אֲנִי מְחַפֶּשֶׂת אֶת פָּנֶיהָ הַמַּבְטָחִים לִי
פְּעָמִים שֶׁהִיא אִשָּׁה רְקוּמָה טַוָּס בִּשְׁחוֹר כֻּתֹּנֶת
הַכּוֹרְעָה בִּכְנִיסָה לַשּׁוּק עַל שַׂק
הָפוּךְ עִם צִמּוּקִים בְּשָׂפָה גְּרוֹנִית (סָפֵק זָרָה)
וּבְסַבְלָנוּת אֲרֻכָּה כְּמוֹ טְרָסוֹת בֶּהָרִים,
לִמְכִירָה שְׁנֵי שְׁקָלִים בַּעֲבוּר חֹפֶן יָדָהּ.
וְלִפְעָמִים, שְׁנֵי יְלָדִים (בְּדִיּוּק לִפְנֵי כְּנִיסַת הַסֵּדֶר)
תְּלוּיִים בֶּחָצֵר עַל עַנְפֵי הָאֶסְקֶדִינְיָה
וּפְעָמִים, אוֹתָהּ חָצֵר אֲחוֹרִית מוּצֶלָּה
קָזוּאָרִינוֹת אֶחָד לִימוֹן וְאֶחָד מַנְדָּרִינָה
שֶׁיָּדַעְנוּ בָּהּ מַה טּוֹב

לִפְעָמִים אֵינְךָ יוֹדֵעַ אֵיךְ
אֶרֶץ מַפְנָה לְךָ פָּנֶיהָ
וְאוֹמֶרֶת: לֵךְ. וְאַחַר כָּךְ לֵךְ
חַפֵּשׂ אֶת הַדֶּרֶךְ לוֹמַר לָהּ
אַיֵּה רַחְמֵךְ

# Country

There's no way of saying this
But it's like the inside of a pear-shaped womb
A country concealed within a country and there is no other way
To remove her from there but only to view her
Bringing out the truth from within
That only she can produce
With two faces and many children and each day anew
I search for her face that was promised to me
At times she is a finely textured woman a peacock in black cotton
Who crouches at the entrance to the market
On an upside-down sack with raisins and in a guttural voice
    (perhaps foreign)
And with long-standing patience like terraced mountains,
Sells a handful for two shekels.
And at times, she is like two children (just before the Seder[11] starts)
Hanging from the branches of a loquat tree in the yard
That same backyard that is shaded at times
With one casuarina, one lemon, and a mandarin
And we knew which was the good one.

Sometimes you do not know how
a country turns away her face
And says: Go. After that, go
seek out the way to ask her
Where is your mercy?

# מול שעריו

וְאֵין בִּי אוֹתָהּ נְמִיכוּת קוֹמָה
לִשְׁאֹף כְּמוֹ עֶבֶד לְיַד אֲדוֹנוֹ
וְאֵין בִּי אוֹתָהּ נְמִיכוּת רוּחַ לְיַשֵּׁר
לְבָבִי הַתּוֹעֶה כְּמוֹ בַּד כֻּתֹּנֶת
מִתַּחַת כָּבְדוֹ שֶׁל מַגְהֵץ

כִּי מַה שֶּׁרוֹאוֹת עֵינַי וּמַה שֶּׁבָּא
בִּשְׂפָתַי אֵין חוּט קוֹשֵׁר
רַק שָׂפָה זָרָה
וּמֶרְחָק שֶׁכָּל הָאֹפֶק
מְקֻפָּל תַּחְתָּיו

וַאֲנִי דוֹפֶקֶת עַל דַּלְתוֹת
זְכוּכִית סוֹבְבוֹת עַל צִיר
לִמְסֹר גּוּפִי וְנַפְשִׁי
בִּכְנִיסָה לַלּוֹבִּי שֶׁבּוֹ שׁוֹעֵר
לָבוּשׁ מַדִּים שׁוֹמֵר
לִשְׁעָרָיו שֶׁל עוֹלָם מֻזְהָב
שֶׁאֵין לוֹ חֵלֶק בִּי
יָדַי דּוֹחֲפוֹת אֶת הַזְּכוּכִית הַנָּעָה
וְקוֹלוֹת רַבִּים אַחֲרַי אוֹמְרִים
"פְּתַח לָהּ שַׁעַר"

וּלְעַצְמָם הֵם מִתְכַּוְּנִים.

# Before the Gates

I am not short enough
To aspire like a servant before his master
And I am not humble enough to straighten
My restless heart like a piece of cloth
Under the weight of an iron

Because what my eyes see and what passes from my lips
Has no connecting thread
Just a foreign language
And a distant scene whose entire horizon
Is folded beneath it

So I knock on revolving
Glass doors
To deliver my body and soul
And at the entrance to the lobby is a gatekeeper
Dressed in uniform
Guarding the gates of a golden world
That has no place for me
My hands push against the moving glass
And a multitude of voices call out from behind me
"Open the gate for her"

But they mean themselves.

# אני מדברת אליך מכותרת השיר

מְדַבֶּרֶת אֵלֶיךָ וּמְבַקֶּשֶׁת שֶׁתַּקְשִׁיב
אֲנִי מְדַבֶּרֶת אֵלֶיךָ שֶׁלֹּא כְּדֶרֶךְ הַטֶּבַע
אַתָּה תִּקְרָא וְאַחַר כָּךְ יָבוֹא קוֹלִי
אֲנִי מְדַבֶּרֶת אֵלֶיךָ כִּי בַּקֶּשֶׁב שֶׁלְּךָ
לְקוֹלִי הַמְּרֻסָּק
הֲבָרָה הֲבָרָה הַבְהָרָה
בַּחִבּוּר הַזֶּה
יֵשׁ סִכּוּי לְמִפְגָּשׁ
וְאַתָּה יוֹדֵעַ שֶׁלְּאַחַר שֶׁעֵינַיִם זָרוֹת נִפְגָּשׁוֹת
קוֹרִים דְּבָרִים יֵשׁ נְגִיעוֹת

אֲנִי מְדַבֶּרֶת אֵלֶיךָ מִתַּחְתִּית הַשִּׁיר
כְּמוֹ שָׁטִיחַ לְרַגְלֵי הָרוֹקְדִים
נָכוֹן לִקְרָאתָם וְסוֹבֵל דְּרִיכָתָם
כְּכָל שֶׁהוּא יָפֶה יוֹתֵר הוּא בָּא מִסִּין אוֹ בָּא מִפָּרַס
וְיוֹתֵר נָשִׁים צְבוֹת יָדַיִם אָרְגוּ לְתוֹכוֹ יוֹמָן.
אֲנִי קוֹרֵאת לְךָ מִתַּחְתִּית
הַדַּף, בְּשָׂפָה בְּרוּרָה,
אִם לֹא תַּקְשִׁיב –

אַלְבִּין

# I Speak to You from the Title of This Poem

I speak to you and ask you to listen
I speak to you in a way that's not natural
You'll read the words and then my voice will come
I speak to you because in your listening
To my shattered voice
Syllable after syllable explaining
With this composition
There is a chance for meeting
And you know that when strange eyes meet
Things happen. There are touches

I speak to you from the end of the poem
Like a carpet for dancing feet
Suitable for them and tolerant of their steps
The nicer ones come from China and Persia
Where swollen-handed women weave their days into them
I call you from the bottom of
The page, in clear language,
If you don't listen—

I'll turn blank.

# מילה

לְאַחַר שֶׁהָלְכָה הַמִּלָּה עַל חֶבֶל
בֵּין שְׁנַיִם, הָיָה קוֹל
חֲבָטָה בְּאֶמְצַע הַלַּיְלָה הִכְּתָה בָּאֶגְרוֹף עַל לִבָּהּ עַל
חֵטְא שֶׁחָטְאָה בְּבִטּוּי שְׂפָתַיִם
וּבִצְבִיעָתָן וּבִמְשִׁיכַת לָשׁוֹן לַחָה עַל גַּבָּן
עַל חֵטְא שֶׁחָטְאָה בַּגָּלוּי וּבַסֵּתֶר
וְעַל חֵטְא שֶׁחָטְאָה בְּהִרְהוּר הַלֵּב
בְּהִגּוּי מֻטְעֶה
בַּהֲרָמַת גַּבָּה
בְּטָעוּת כְּתִיב
בְּזִכָּרוֹן שֶׁהָלַךְ לְעִבּוּד
וְהַקּוֹל חָלוּל וּמְהַדְהֵד בֵּין קִירוֹת הַגּוּף

אָז נָסוֹגָה הַחַיָּה הַסְּמוּיָהמִנְהָאַיִן
מִבֵּין הַכְּתָלִים וַחֲרַכֵּי הָעֵינַיִם נָסוֹגָה פְּנִימָה
וְרָבְצָה בְּקִפּוּל מְעֻבָּר לְנֶפַח מִינִימָלִי שֶׁל תּוֹדָעָה
וּמִכֹּחַ הַצִּמְצוּם נִפְקַח בֵּין הָעֵינַיִם
תְּהוֹם

רְגִישָׁה הַחַיָּה הַסְּמוּיָהמִנְהָאַיִן
לְמִינֶרָל הַנִּשְׁאָר לְאַחַר הִתְאַיְּדוּת הַטִּפּוֹת וּכְבָר שָׁנִים
שֶׁאֵינָהּ מְלַקֶּקֶת דְּמָעוֹת מִפְּנִים הָרִשְׁתִּית הַצְּרוּבָה
וְתִמָּהוֹן
אֵיךְ אֶפְשָׁר תָּמוּת אַרְבַּע מִיתוֹת.

# Word

After the word walked a tightrope
Between two poles, there came a sound
Of pounding in the middle of the night, a fist beating on the heart
    for
The sin she committed for the expression on her lips
For coloring them and running a moist tongue across them
For the sin she committed in the open and in private
And for the sin she committed by evil thoughts
For poor pronunciation
For raising an eyebrow
For spelling mistakes
For memories being processed
For the hollow voice echoing in the body's confines.

Then the animal retreated *concealed-from-the-nothingness*
Moving inward between the walls and openings of the eyes
Lying folded like an embryo with minimal capacity for
    consciousness
And from the power of contracting, between the eyes, there opened
An abyss

*Concealed-from-the-nothingness*, the animal is sensitive
To minerals that remain after teardrops evaporate and it's already
    years
That she hasn't licked them from inside the scorched retina
Amazed
How is it possible to die four times?

**BOOK THREE**

from *A River and Forgetfulness* (1998)

# כחול

אֲנִי מְבַקֶּשֶׁת שֶׁתִּקְנֶה לִי עֲגִילִים בְּכָחֹל
הַקָּרוֹב לְיָרֹק וְהֶחָצוּב מֵהַיָּם וְהַזְּמַן
קְנֵה וְהָבֵא לִי עֲגִילִים, שְׁנֵי נְטִיפִים בְּכָחֹל
אֲנִי מְבַקֶּשֶׁת מְאֹד שֶׁיִּהְיֶה צִנּוֹר אַהֲבָה
קוֹשֵׁר וּמֵבִיא וְחוֹמֵל
וְיִהְיֶה מַשֶּׁהוּ תָּלוּי וּמִתְנַדְנֵד. חֵפֶץ
עֵדוּת שֶׁפָּשַׁטְתָּ אֶת יָדְךָ מִמְּךָ
וְנָתַתָּ בְּיָדַי הָעֲרֵמָה מִכָּל שָׁעוֹן
וּפָשַׁטְתִּי אֶת יָדַי לְפָנַי –
וְנָתַתָּ לְתוֹכָהּ זוּג עֲגִילִים בְּכָחֹל הַקָּרוֹב
לְיָרֹק שֶׁיָּגֵן עָלֵינוּ מִכֹּל.

# Blue[1]

I ask you to buy me earrings of blue
Which are almost green, quarried from the sea and time
Bring me earrings, two drops of blue
I ask that they'll be a pipeline of love
That connects and conveys and consoles
Something that hangs and dangles. An object
Of proof that you held out your hand
And took my arm naked of even a watch
As I extended my hand—
You placed inside it earrings of blue which are almost
Green so that they will protect us from everything.

# בכי

מֵהַמָּקוֹם בּוֹ נִפְסָק הַדִּבּוּר עִם הַבָּשָׂר מִבְּשָׂרְךָ
וְיֵשׁ מָקוֹם חָתוּךְ וְתָפוּר וְאוּלַי מְדַמֵּם גַּם פְּנִימָה
מֵהַנְּקֻדָּה הַזֹּאת אֲנִי גּוֹהֶרֶת וְרֹאשִׁי בֵּין בִּרְכַּי
וּמְקַוָּה לַבְּכִי הַגָּדוֹל. אֶלָּא שֶׁזֶּה כָּלוּא פְּנִימָה
וְיֹבֶשׁ גָּדוֹל הוּא שׁוֹלֵחַ לְמַרְאִית הָעַיִן
וַאֲנִי מִתְפַּלֶּלֶת לְאֵלִיָּהוּ עַל הַכַּרְמֶל וּלְרָחֵל
הָאֵם עַל הַדֶּרֶךְ שֶׁיִּהְיוּ בְּעֶזְרִי
בַּחֲצִיַּת קֶנְיוֹן מִדְבָּרִים וּלְפָחוֹת אֶחָד
מִסַּלְעֵי הַצּוּר אוֹ הַגְּרָנִיט יִפָּתַח לַאֲגַם מַיִם
וְעַיִן שֶׁלִּי תִּרְאֶה וְתִתֵּן מֵעַצְמָהּ אֶת אֲשֶׁר
יֵשׁ לָתֵת אִגֶּרֶת בִּכְתַב סְתָרִים שֶׁתִּפְתַּח דַּלְתוֹת
מַגִּידִים וּשְׁעָרִים עֶלְיוֹנִים לִילָדַי שֶׁנּוֹלְדוּ
יְתוֹמִים וּזְנוּחִים
וּבְכָל כֹּחָם מַרְעִידִים
מַשְׁקוֹפִים

# A Cry

From the place where speech is interrupted by the flesh of your flesh
There's a place that's cut and sewn, maybe bleeding inside
From that spot I crouch with my head between my knees
Hoping to hear the huge cry. But it's trapped inside me
A great dryness being delivered or so it seems
So I pray to Elijah the prophet[2] on Mount Carmel and to Mother
    Rachel[3]
On the road so that they'll be my helpers
In crossing through desert canyons so that at least one
Of the rocks of stone or granite will open up to a lake of water
And my eye will see and take from it
What there is to take, a letter in secret script that will open doors
To storytellers, and heavenly gates for my children who were born
Orphaned and forsaken
Shaking with all their strength
           The doorposts

## שתי פנים

למרים גמבורד

יֵשׁ צֹרֶךְ לְהִתְכּוֹפֵף שׁוּב אֶל הַקְּעָרָה
בִּרְכַּיִם עַל הָרִצְפָּה
לְהַכְנִיס יָדַיִם אֶל תּוֹךְ הַחֵמָר לְהָרִים אֶת הַחֹפֶן
הָרָטֹב, הַחוּם וְהַגָּמִישׁ וּלְגַבֵּל
וּלְהָבִיא אֶת רֵיחוֹ
אֶל הַפָּנִים וּלְהַטְבִּיעַ אוֹתָם
לְמַסֵּכַת מָוֶת מְשַׁכֶּכֶת כְּאֵבִים וּלְאַחַר הַהִתְקַשּׁוּת
לְהָסִיר וּלְהָכִין לִיצִיקָה, תַּבְנִית.
לִמְשֹׁךְ מֵהָאֶצְבָּעוֹת מִזּוֹ וּמִזּוֹ
אֶת הַשְּׁאֵרִיּוֹת וּלְהַמְתִּין
בִּשְׁתִיקָה לְמַה שֶּׁעָתִיד לִהְיוֹת

יֵשׁ צֹרֶךְ לִגְהֹר שׁוּב אֶל הַקְּעָרָה
בִּרְכַּיִם עַל הָרִצְפָּה
לְהַכְנִיס יָדַיִם אֶל תּוֹךְ הַמַּרְגָּרִינָה, הַסֻּכָּר, הַבֵּיצִים, הַוָּנִיל
וְהַקֶּמַח לְהוֹסִיף וְלָלוּשׁ זֶה בְּתוֹךְ זֶה
עַד שֶׁיִּהְיֶה הַחֹמֶר הַלָּבָן וְהָרַךְ בְּיָדַי לַהֲבִיאוֹ
אֶל הַפָּנִים וּלְהַטְבִּיעַ בְּתוֹכוֹ מַסֵּכָה
עִגּוּלִים עִגּוּלִים חוֹרִים עֲגֻלִּים
לָעֵינַיִם וְהַדְּמָעוֹת לִרְאוֹת וּלְהַרְגִּישׁ
וּלְהַגִּישׁ בְּהַרְבֵּה טַעַם טוֹב וְשִׁדּוּלִים
לֶחֶם פָּנִים

## Two Faces

There is a need once again to bend over the bowl
knees on the floor
to sink one's hands into the clay and raise the wet
handful, brown and supple, to knead it
and bring its fragrance
to my face and imprint it onto
a death mask to calm the pain and after it hardens
remove it and prepare it for casting a mold
pulling from the fingers here and there
the residue and waiting
quietly for what will happen

Again there is a need to crouch over a bowl
knees on the floor
to sink one's hands into the margarine, sugar, eggs, vanilla
and flour adding and kneading one with the other
until it becomes a soft white mass in my hands so I can bring it
to my face and form a mask from it
circles circles round holes
for eyes and tears to see and feel
and serve with much good flavor and persuasion
    a bread offering.[4]

לִגְהֹר שׁוּב אֶל הַקְּעָרָה בְּשַׁרְווּלִים מֻפְשָׁלִים
שְׁתֵּי כַּפּוֹת הַיָּדַיִם בְּאֶצְבָּעוֹת פְּרוּשׂוֹת אֶל תּוֹךְ הַבָּשָׂר
הַטָּחוּן, הַבָּצָל הַקָּצוּץ, שָׁלֹשׁ בֵּיצִים, שׁוּם, פֶּטְרוֹזִילְיָה
וּפַפְּרִיקָה מִיָּפוֹ וְכוּזְבָּרָה וְחַוָּאיֶג׳ מִמַּחֲנֵה יְהוּדָה.
לָלוּשׁ וּלְמַלֵּל לְהָכִין אֶת הַחֹפֶן הָרַךְ וְהַמְעֹרָב
וּלְהָבִיא אֶל הַפָּנִים
וְלָחוּשׁ בַּחֲרִיפוּת הַדּוֹקֶרֶת וּלְהַטְבִּיעַ אֶת
תַּבְלִיט פָּנַי בְּמַגָּע הַקָּרִיר וְהַדָּבִיק
לִמְרֹט הַשְּׁאֵרִיּוֹת מִשְּׁתֵּי הַפָּנִים
לְהַעֲבִיר מִיָּד לְיָד קְצִיצוֹת
לְבִשּׁוּל וְהַגָּשָׁה בְּרֹטֶב
שְׁתִיקַת הַנֶּפֶשׁ

To crouch again over the bowl with sleeves rolled up
Two palms with fingers spread into the meat
ground with chopped onion, three eggs, garlic, parsley,
paprika from Jaffa, and Yemenite spices from *Machaneh Yehudah.*[5]
To knead and talk and prepare the soft handful mixed together
to bring it to my face
to feel the stinging spiciness and to imprint
a relief of my face with a cool sticky touch
pulling the remaining bits from the two surfaces
passing kabobs from one hand to the other
for cooking and serving in sauce
    Quiet for the soul.

# צוהרי שש

אֶת סוֹד שְׁתִיקַת הָאִמָּהוֹת –
אֶת הַיְנִיקָה הָעוֹבֶרֶת מִטַּבּוּר
לְטַבּוּר חָתוּךְ, אֶת הַשְּׁתִיקָה הַחַתְרָנִית
מֵאֵם הַדִּבּוּר
הַשְּׁתִיקָה הַחַתְרָנִית
אֵם הַבַּיִת אֵם עַל־בָּנִים
הַשְּׁתוּקִית הָאִלֶּמֶת הַמִּתְקַפֶּלֶת
לְשׁוּלֵי הַצִּפָּרְנַיִם הַמִּתְכַּהִים וּמִתְפַּצְּלִים
עִם כֶּתֶם הָאַרְגָּמָן שֶׁל
קְלִפַּת הֶחָצִיל

הַשְּׁתִיקָה הַמִּתְמַקֶּמֶת בֵּין זָוִית הַפֶּה
לְקֵפֶל הָעֵינַיִם לְדִמְעוֹת הַבָּצָל לְרֵיחַ הַדַּפְנָה
בְּצִנְצְנוֹת זְכוּכִית לְמְרַק עֲדָשִׁים חָרְפִּי אוֹ רֵיחַ הַלָּבֶנְדֶר
הַנֶּאֱגָר בֵּין סְדִינִים מְגֹהָצִים
לְקַבֵּל אֶת הַזַּעַם הֶעָצוּר אֶת גַּעְגּוּעֵי הָאִישׁ
אֶל אִמּוֹ הָרִאשׁוֹנָה בְּחֵטְא בְּגַל מָלוּחַ וְקוֹצֵף
הוֹלֵךְ וְחוֹזֵר
אֶל חוֹף נִשְׁחָק נִשְׁתָּק וְשָׁלֵם
כְּתַעֲלוּמָה בְּרִיאָה

אֶחָד מֵחַדְרֵי הַלֵּב
חֲדַר מִיּוּן
בְּרֵרַת מִלִּים כְּגַרְגְּרֵי קִטְנִיּוֹת
לְפֶצַע דּוֹמֵם שֶׁאֵין חוֹבֵשׁ

# 6 p.m.

The secret of a mother's silence—
Is drawn from the navel and passes
To the cord that is cut, the silence that undermines
A mother's speech
The silence that undermines
The housewife the mother of children
The blind silence that is embedded in
The edges of fingernails that are stained and chipped
With purple marks from
The peel of eggplant

The silence that languishes between the angle of the mouth
And the crease of the eyes, in tears from cutting onions and the
    aroma of bay leaf
In the spiciness of lentil soup in glass jars or the fragrance of
    lavender
That collects between sheets that are ironed
Gathering the pent-up fury of the man who longs
For his first mother in the sin of a salty wave that rages
Going out and returning
To a shore that is compressed silent and whole
Like a well-kept secret

One of the chambers of the heart
Is a sorting room
For choosing words like morsels of grain
For a silent wound with no nurse to treat it

# זיכרון

רֵיחַ הָאֲדָמָה לֹא בָּא אֶלָּא מֵהַזִּכָּרוֹן לְבַדּוֹ.
וְהָרַעַשׁ הוּא רַעַשׁ הוּא סְקִילָה וְשִׁכְרוֹן מִלְמִלִּים
מְחוֹלֵל בִּקְרִיאַת חֲצוֹצְרוֹת וּמַכַּת מְצִלְתַּיִם
(כְּאִלּוּ הָיְתָה שָׁם מַלְכוּת לְפָחוֹת, אָה אָה!)
וְלֶחָלִיל אֵין דֶּרֶךְ לִבְקֹעַ אֵלַי
וְאֶל יְלָדַי הַקְּשׁוּרִים לְשִׂמְלָתִי הִיא שִׂמְחָתִי הָאַחַת
כַּפּוֹת רַגְלֵינוּ לֹא עוֹד
חָשׁוֹת מַגַּע דְּרִיכָה
רֶוַח שֶׁל כְּלוּם
רְחִיפָה נְמוּכָה
וְהָיִיתִי רוֹצָה בְּשִׁבְעָה לַחֹדֶשׁ הָרִאשׁוֹן
לָצֵאת בְּבֶגֶד שֶׁל אוֹר וּשְׂפָתַי עֲרָבָה לוֹחֶשֶׁת סוֹד
וּלְהַשְׁבִּיעַ אֶת כָּל הַמַּלְאָכִים וְהָרוּחוֹת
כְּשֶׁבְּיָדִי הָאַחַת עֲנַף עֵץ הֲדַס
וּבְיָדִי הַשְּׁנִיָּה מַיִם בִּצְלוֹחִית מִשִּׁבְעָה מַעְיָנוֹת
בָּהּ אוֹר שָׁמוּר וְאָגוּר מֵרְצוּדֵי הַמַּיִם בַּתְּהוֹם
כַּפּוֹת רַגְלֵינוּ לֹא עוֹד
חָשׁוֹת מַגַּע דְּרִיכָה
רֶוַח שֶׁל כְּלוּם
רְחִיפָה נְמוּכָה
וּלְהַגִּיד לְשׁוֹטְרֵי הָרְקִיעִים – קְחוּ
כָּל שֶׁיֵּשׁ בְּיָדִי וְעוֹד אוֹסִיף
גַּם יַיִן גַּם דָּם
וְהַחֲזִירוּ לִי אֶת הָאָרֶץ
הַכְּבוּשָׁה בְּיַד צוּרוֹת זָרוֹת

# Memory

The fragrance of the soil does not come to me except through
    memory.
There is the sound of noise, of stoning and mumbling drunkenness
of dancing to the cry of trumpets and the clanging of cymbals
(as if there'd at least been a kingdom there, ha ha)
the flute has no way of breaking through to me
or to my daughters who are clinging to my dress and are my one joy
       The soles of our feet no longer
       sense their way along the path
       they go nowhere
       hovering low
And on the seventh day of the first month[6] I would have liked
to emerge in a garment of light with my faithful lips whispering a
    secret
and swearing an oath with the angels and spirits
and in one of my hands is a branch of myrtle
in my other hand a dish of water from the seven springs
from which a precious light is gathered from the sparkling of the
    water in the deep
       The soles of our feet no longer
       sense their way along the path
       they go nowhere
       hovering low
And I'll say to the guardians of the heavens—take
all that I have in my hand, and I will also give you
wine and blood
Just give me back the land
That's been taken over by foreign practices

# זה הזמן

וּבַחֲמִשָּׁה עָשָׂר לְחֹדֶשׁ שְׁבָט זֶה הַזְּמַן בּוֹ אֲנִי
מְתַקֶּנֶת לְיוֹם כִּפּוּרִים, לְיוֹם צוֹם וְלַעֲשׂוֹת
תְּשׁוּבָה מְלֵאָה וּפְגִישָׁה בֵּינִי לְבֵינְךָ.
זֶה הַזְּמַן לִפְתֹּחַ אֶת הַחַלּוֹנוֹת וּלְחַפֵּשׂ אֶת הַשָּׁמַיִם
לְאַחַר שֶׁיָּרַד הַגֶּשֶׁם בְּעִתּוֹ
וּבְחֶבְיוֹן הָעֵצִים מִתְרַחֵשׁ דָּבָר נִסְתָּר מֵהָעַיִן
זֶה הַזְּמַן שֶׁל הַדְּבָרִים לְהַגִּידָם וּבְסָמוּךְ, לַעֲשׂוֹתָם.
נַפְשִׁי פְּנוּיָה לְךָ וְאֵין אִישׁ
תּוֹבֵעַ זְמַנְּךָ בִּתְקִיפוּת שֶׁל חֲכָמִים
וְיֵשׁ אֵיזֶה קֶשֶׁב בָּעוֹלָם לְבַת קוֹל מְצַפֶּנֶת
מַעְיָן שֶׁתֵּצֵא בְּעִתָּהּ וַאֲדָר יָבִיא גְּשָׁמָיו
וּפִתְחֵי בָּתִּים יִפְנוּ זֶה לִקְרַאת זֶה בִּקְעָרוֹת סֹלֶת בְּלוּלָה
בְּשֶׁמֶן וְרֵיחַ נִיחוֹחַ יַעֲלֶה וְאֵם וּבִתָּהּ שֶׁרָאוּ אֶת הַחֹדֶשׁ תֵּצֶאנָה
לַשָּׂדֶה. זֶה הַלַּיְלָה בּוֹ הַיָּרֵחַ מֵעַל הַפַּרְדֵּסִים מָלֵא
וְהָאֲדָמָה מִתְעַבֶּרֶת וַאֲנִי גּוֹזֶרֶת עַל עַצְמִי קֶשֶׁב
לְגָרֵשׁ מֵהָאֹפֶק פִּגּוּמֵי כִּעוּר וְעִיר
וּלְחַפֵּשׂ לִי גַּג לְהִשְׁתַּטֵּחַ עָלָיו בְּבִגְדֵי אוֹר רַכִּים
וְאַמְבָּט שֶׁל מֵי גְּשָׁמִים לִטְבֹּל בְּתוֹכוֹ שֶׁבַע פְּעָמִים
לִפְשֹׁט צוּרַת אִשָּׁה וְאֵם וְלִלְבֹּשׁ הַלַּיְלָה מַרְאֵה כַּלָּה רַכָּה לִקְרָאתְךָ
(שֶׁאֵינָהּ מִבְּנֵי שֵׁם) מִימִינִי מִדְבָּר וְלִשְׂמֹאלִי יֵשׁ יָם
וַאֲנַחְנוּ מִכֹּחַ הַיּוֹם וְהַקָּרְבָּן
מֵעַל הַדְּבָרִים
שֶׁאִם לֹא כֵן אֵלֵךְ בַּעֲשָׂרָה בְּתִשְׁרֵי
בְּתוֹךְ קָהָל לָבָן, בִּפְנֵי עֲיֵפוּת וּמְרִי וּבְגָדִים
חֲמוּצִים מְדַמִּים וְאֶתֵּן עֵדוּת בִּפְנֵי בֵּית־
דִּין שֶׁל מַטָּה

## This Is the Time

The fifteenth day of the month of Shvat:[7] this is the time when I
prepare myself for Yom Kippur, for a day of fasting,
full repentance, an encounter between me and you.
This is the time to open the windows and search the sky
after the rains have fallen in their season
and between the trees something occurs that is hidden from view
This is the time for those things, to be said and to be done.
My soul is open to you and there is no one else who
needs your time with the forcefulness of sages
There's a kind of attentiveness in the world to a voice from heaven
that is hidden from view but will arrive in its season when the
     month of Adar[8] brings the rains
And at the threshold of houses there will be bowls of fine flour mixed
with oil, and a pleasant fragrance will rise and a mother and
     daughter will welcome the month
and walk out to the field. This is the night when the full moon is
     over the orchards
and the earth is fertile and I force myself to listen closely
to banish the ugly scaffolding from the horizon and city
and wearing garments of softness and light I'll seek a rooftop upon
     which to prostrate myself
and I'll immerse myself seven times in a bath of rainwater
to transform myself from woman and mother to a soft bride (who is
     not a Semite[9]) before you
on my right is desert and on my left is sea
and due to the power of the day and the holy sacrifice, we are
       *above all things*
But if this does not occur, I will go on the tenth day of Tishre[10]
to a white congregation,[11] my face weary and full of rebellion and
     my garments
reeking of blood and I will testify before a holy court
       that dwells on earth

# ובחלומי, דלתם

עָמַדְתִּי מוּל דַּלְתָּם סְגוּרָה וְאוֹר יוֹצֵא
מֵהַחַלּוֹן. מִסָּבִיב אֲפֵלָה בְּרִיטִית מְדֻמְדֶּמֶת עֲרְפִלָּה
שֶׁאֵינָהּ מִפֹּה. דַּלְתָּם שֶׁל מַכָּרַי, שׁוֹעִים וְעֵט בְּיָדָם
וּבְלֵיל קֹר וּמְעִיל אֵין עַל גּוּפִי
דַּלְתָּם הָיְתָה סְגוּרָה בְּפָנַי.
בַּחוּץ עָמַדְתִּי. לָמָּה עָמַדְתִּי בְּאוֹתָהּ אֲפֵלָה עֲרֵמָה
מִכָּל שְׂרוֹכֵי הַטַּבּוּר שֶׁבְּדֶרֶךְ כְּלָל נִשְׂרָכִים אַחֲרַי
עֲרֵמָה מִכָּל עֵבֶר מִכָּל רֶקַע מִתּוֹכוֹ אֶפְשָׁר לִצְמֹחַ.
וּבַיָּמִים, דַּוְקָא הֵם אֲנָשִׁים מְאִירֵי עֵינַיִם וְיִרְאֵי שָׁמַיִם
אַךְ בַּלַּיְלָה הַהוּא בַּחֲלוֹם, דַּלְתָּם נְעוּלָה לְעוֹלַם הַחוּץ שֶׁהָיִיתִי בּוֹ
בְּשַׁבָּת בִּשְׁנַת אַחַר הַצָּהֳרַיִם
פָּקַד אוֹתִי הַחֲלוֹם
יוֹמַיִם לִפְנֵי רֹאשׁ הַשָּׁנָה לַשְּׁמִטּוֹת וְלַיּוֹבְלוֹת
וַחֲרֵדָה הָיִיתִי דַּוְקָא לִילָדַי שֶׁנֶּעֶדְרוּ
מֵהַחוּץ הָאָפֵל לְיַד דַּלְתָּם מוּאֶרֶת וּנְעוּלָה
בְּתוֹךְ עֵינַי הַנֶּעֱצָמוֹת

# In My Dream, Their Door

I stood opposite their closed door, light streaming from
the window. Surrounded by a British gloom, a misty fog
that's not from here. The door of my acquaintances, important
     people with pens in hand
The night was cold and I without a coat
Their door closed before me.
I stood there outside. Why did I stand in that gloom stripped
of all my umbilical ties that generally wind themselves
slyly around every limb every spot from which they can grow.
And of all people they—whose eyes glowed in those days with a
     fear of Heaven
But in my dream that night, their door was locked to the world
     outside that I inhabited.
During my afternoon nap on Shabbat
I was visited by that dream
Two days before the new year's sabbatical and the jubilee year
And of all things—I grew fearful for my children who were missing
in the darkness outside, near the door that was glowing and locked
inside my closed eyes

# העיר

הָעִיר הַזֹּאת מֵעֵבֶר לִיכָלְתִּ
הַהַשָּׂגָה שֶׁלִּי. בְּכָל פַּעַם שֶׁאֲנִי נוֹגַעַת בְּלִבָּהּ
הִיא מִתְכַּוֶּצֶת לְתוֹכָהּ וּקְטֵנָה.
כְּשֶׁאֲנִי מְנַסָּה לָגַעַת בְּיָדָהּ
אוֹ לָלֶכֶת בְּעִקְּבוֹת קוֹלוֹ
שֶׁל סַרְסוּר מְקוֹמוֹת לִרְכֹּשׁ לִי בָּהּ דֶּלֶת קֶבַע
הִיא נוֹשֶׁכֶת לִי בַּצַּוָּאר
מַשְׁלִיכָה אוֹתִי עַל הַמִּדְרָכָה וְלוֹחֶשֶׁת
זֶה שׁוּם דָּבָר זֶה שׁוּם דָּבָר. דָּבָר
זֶה רַק תַּעְתּוּעַ שֶׁרָאִית חַלּוֹן נִפְתָּח לְעֵץ אַגָּס

וַאֲנִי פּוֹשֶׁטֶת יָד לְעֶזְרָה
וּבְעַד דִּמְעוֹתַי הִיא נִדְמֵית לִי כַּלָּתִי לִקְרָאתִי

# The City

This city is beyond
my reach. Every time I touch her heart
she contracts and shrinks into herself.
When I try to touch her hand
or follow the voice
of some con man who promises me a fixed address,
She bites me in the neck
and casts me onto the pavement whispering
It's nothing it's nothing. It's
just an illusion that you saw a window open to a pear tree.

I reach out my hand for help
and through my tears she appears as a bride coming toward me

# כשמעשֵׂי ידַי עושים שירה

חֲסֵרָה לִי אוֹתָהּ צוּרָה אוֹתָהּ תְּמוּנָה
מִמֶּנָּה מֻתֶּרֶת הַפְּקַעַת
וּקְצֵה חוּט נִמְשָׁךְ וּמוּבָל
אַחַר הַיָּד וּמוֹבִיל אוֹתָהּ לָתֵת סִימָן בֶּחָלָל

כִּי מוּעֶקֶת מָתְנַיִם רוֹקַעַת אוֹתִי לָאֲדָמָה
וּפִי נִשְׁאָר קָרוּאַ אֵלָיו (בְּתַבְנִית חָרָשׁ וּמַסְגֵּר)
לְךָ הַדְּמָמָה, תַּחַת לְשׁוֹנִי כִּי מִי יִשְׁמַע מַה מַּה
וְלִי הָאֵימָה מֵעֹפֶר רַךְ
נֶהְפָּךְ עַל גֵּוֹ לְעֵינַי –

וְאֵיךְ כְּשֶׁמַּעֲשַׂי יָדַי אוֹמְרִים שִׁירָה –
אֲנַחְנוּ (הַנּוֹשְׂאִים בְּכוֹרִים) טוֹבְעִים
בְּיָם שִׁכְחָה וּדְבָרִים.

## When My Creations Sing Songs

I lack shape and form
like a tangled ball of wool
whose last thread is pulled and drawn
by hand in search of a sign from above

Because a sinking feeling deep inside immobilizes me
and my mouth that calls out to him remains mute (as in the tale of
    the craftsmen and the smiths[12])
You are silent, since who will hear what lies beneath my tongue
Mine is the terror of a gentle fawn
that turns its back to my gaze—

And how is it when my creations sing songs[13]
We (who offer the first fruits[14]) drown
in a sea of forgetfulness and other such things.

# שני אֵילים מתרוצצים

לאברהם אופק

מַה לְּכָל שִׁירָתָא וְתֻשְׁבְּחָתָא דַּאֲמִירָן בְּעָלְמָא
וְאֵין לָנוּ נֶחֱמָתָא.

זוֹ אֵינָהּ דֶּרֶךְ הַהוֹלָדָה
כָּךְ אֵין מַזְרִיעִים אִשָּׁה
בִּכְתוּבִים

וּשְׁנֵי אֵילִים שְׁלֵמִים מִתְנַגְּחִים
הִתְרוֹצְצוּ בְּקִרְבִּי
וְרוֹצְצוּ תּוֹכִי
וֶאֱיָלוּתָם נִשְׁאֲרָה כְּחֻלָּה וְתַמָּה
כַּכְּתוּבִים
בְּסֵפֶר הַיָּמִים.

וּבַבֹּקֶר, עַנְפֵי תָּמָר
מֵעֵבֶר לְכָל הַחִבּוּטִים וְהָרְעָשִׁים
עַל רֶקַע הַצֶּבַע הַמַּחֲוִיר וְהוֹלֵךְ שֶׁל הָעוֹלָם

נוֹשְׂאִים כַּפַּיִם גַּם בַּעֲבוּרִי
כִּי מַה כָּל צְלוֹתְהֵי וּבָעוּתְהֵי
קֳדָם אֲבוּהִי דִּי בִשְׁמַיָּא
וְשָׁלוֹם לוֹ וּלְעוֹלָמוֹ.

# Two Rams Struggling

*To Avraham Ofek*

Why is it that with all the song and the praise uttered in the world[15]
There is no consolation.

This is not the way to give birth
No woman is impregnated like this
in books

Two healthy rams butting each other
Struggling in my womb[16]
Smashing inside me
And their strength remains pure and blue
Like the writings
in the Book of Chronicles.[17]

In the morning, date branches appear
Through all the beating and noise
The color becomes pale and fades into the background of the world

Hands are lifted up in priestly benediction for me as well
For what does it mean that all my prayers and supplications
Should be accepted by my father in heaven
And peace is with him and his world.

# בִּרְכַּת כּוֹהֲנִים

וּכְשֶׁהֵם רְכוּנִים וְטַלִּיתוֹתֵיהֶם מְכַסּוֹת עַל יַלְדֵיהֶם
מִי כְּאֹהֶל זָקוּף וְלָבָן וּשְׁוֵה צְלָעוֹת
וּמִי שֶׁמֵּיתָרָיו מְתוּחִים לִצְדָדִים לְפֶקַע
זֶה בְּצַד זֶה, מְכֻסִּים וְשָׁוִים וְאֵינָם יְדוּעִים
מֵהַמָּקוֹם הַגָּבוֹהַּ בֵּין הַוִּילוֹנוֹת מִמֶּנּוּ אֲנִי מְצִיצָה
בְּעֵינַיִם גְּלוּיוֹת –

רָאִיתִי גַּם טַלִּית רַכַּת קְפָלִים אֲדַמָּה וַאֲפֵלָה
שֶׁסִּימָנֵי הַגּוּף תַּחְתֶּיהָ נֶעֱלָמִים

עַד שֶׁכָּהוּ עֵינַי וְהָיִיתִי כְּעִוֵּר
פַּעַם רוֹאֶה וּפַעַם אֵינוֹ
וְעֵינַי שָׁפְכוּ מַיִם רַבִּים
נֹכַח פְּנֵי הַנָּשִׁים
שֶׁקְּוֻצּוֹת שְׂעָרָן (בְּלוּלוֹת בְּחִנָּה לִקְרַאת הֶחָג)
יוֹצְאוֹת מִתּוֹךְ כִּסּוּי הָרֹאשׁ וְיָמִים קָשִׁים
פְּרוּשִׂים לִפְנֵיהֶן עַל מַגַּשׁ זֵכֶר
לְמַתְּנוֹת הַנְּדוּנְיָה
וְהֵן תְּמֵהוֹת עַל הָעַיִן שֶׁלִּי הַפְּתוּחָה
כַּמַּיִם וְאֶגְלֵי זֵעָה שֶׁלָּהֶן שׁוֹטְפִים מִמִּצְחָן לְקִמְטֵי הָעֵינַיִם

וּמִחוּץ לַבַּיִת
אוֹרֵב שָׁרָב
וּמִדָּבָר אֶחָד הָיִיתִי שְׁנַיִם.

# Priestly Blessing[18]

When they leaned over and draped their prayer shawls over their
    children
Becoming like an upright tent white and equal on each side
With strings stretched so tight its sides bursting
One beside the other, covered, equal, and mysterious,
I stole a glance from a place up high between the curtains
With eyes open wide—

I also saw a softly pleated prayer shawl of dark red
Whose signs of the body beneath it had vanished

Until my eyes grew dim and I was like a blind man
Seeing one moment, then not seeing the next
And from my eyes gushed water
Right there in front of the women
Whose locks of hair (tinged with henna for the holiday)
Strayed from beneath their head coverings, from hard days
Laid out before them on a tray, a memory
Of dowry gifts
They were surprised by my eye that was open
As beads of sweat poured abundantly from their foreheads into the
    creases of their eyes

Outside the house
A dry wave of heat waited in ambush
And from one entity, I became two.

# לְמה כוונתו

מָחָר שַׁבַּת שִׁירָה וְהֶחְלַטְתִּי לָלֶכֶת וּלְדַבֵּר
עִם הַכֹּלְיָכוֹל.
מֻכְרָחָה לְדַבֵּר אִתּוֹ
מַשֶּׁהוּ הִשְׁתַּבֵּשׁ בְּתַכְלִית
אֲדַבֵּר אִתּוֹ בְּגֹבַהּ הָעֵינַיִם
וְאֶשְׁאַל אוֹתוֹ לְמָה כַּוָּנָתוֹ
כְּשֶׁהוּא שׁוֹלֵחַ אֵשׁ בְּפִנּוֹת הַבַּיִת
מִישֶׁהוּ טוֹבֵעַ
וּמִישֶׁהוּ אַחֵר שָׁר
וּמִישֶׁהוּ נִזְכָּר לְחַלֵּק פֵּרוּרִים
לַצִּפֳּרִים לְמַעַן
הַשֵּׁם הָרַחֲמִים וְהַמָּחָר
עוֹד מְעַט שַׁבָּת וּבִגְרוֹנִי
עוֹלָה וְיוֹרֶדֶת דִּמְעַת דָּם
עוֹד מְעַט כָּלָה וְאֵין מוֹצָא
וְאֵין מִי יוֹצִיא מִתּוֹךְ גְּרוֹנִי
בְּאֶצְבַּע עֲדִינָה דִּמְעֲדָמָה
וְהוֹי בָּעֵת הַזֹּאת יָדָהּ
שֶׁל אִמָּא שְׁבוּרָה
מָחָר שַׁבַּת שִׁירָה אֵלֵךְ לְדַבֵּר
כְּמוֹ אֵלִיָּהוּ עַל הַיַּרְדֵּן
אוּלַי יִשְׁמַע
אוּלַי יָבוֹא
אוּלַי יוֹצִיא קוֹל מֵהַקָּנֶה.

## What Is His Intention

Tomorrow is Shabbat Shira[19] and I decided to go speak
with the Almighty.
I need to speak with him
Something went completely wrong
    I will speak to him at eye level
    and ask what his intention is
    when he sets fire to the corners of a house.
Someone drowns
And someone else sings[20]
And someone remembers to give crumbs
to the birds[21] for the sake of
God, mercy, and tomorrow.
    Soon it will be Shabbat and in my throat
    a tear of blood rises and falls
    soon it will languish with no escape.
And there's no one to remove a blood-tear
From my throat with a delicate finger
And oh, at this time
A mother's hand is useless.
    Tomorrow is Shabbat Shira and I will go and speak
    Like Elijah on the Jordan[22]
    Perhaps he'll hear
        Perhaps he'll come
            Perhaps a sound will emerge from my throat.

# מערה

(וְשָׁ מָּה יֵשׁ יָם שֶׁמַּמְתִּין לָנוּ לָבוֹא אֵלָיו –

וְדַע שֶׁיֵּשׁ שָׁם הַר הַשּׁוֹמֵר עָלֵינוּ שֶׁלֹּא נֹאבַד)

וְאִם לֹא אָבוֹא אֶל הֶחָרִיץ
שֶׁבֵּין הָהָר לַשָּׂדֶה, שָׁם הַגֹּמֶא עוֹלֶה
אֶקָלִיפְּטוּס, טַיּוֹן דָּבִיק וּמַרְוָה
וְאִם לֹא אָבוֹא אֶל לֵב הֶחָרִיץ הַזֶּה –

אֲנִי נִדּוֹנָה לְהִשָּׁכַח אֶצְלְכֶם.

וְיֵשׁ בַּפֶּקַע
מְעָרָה שֶׁל זְמַן הָפוּךְ
פַּעֲמוֹן הַשּׁוֹמֵר אֶת כָּל הַצְּלִיל לְתוֹכוֹ

אַרְבַּע עֶשְׂרֵה שָׁנִים אֶל תּוֹךְ הַזִּכָּרוֹן
מַהֲלָךְ יוֹם אַחַר יוֹם
בְּחֵרוּב נֶפֶשׁ וּמַיִם וְחוֹל

וְלָצֵאת מִשָּׁם לְאוֹר.

# Cave

(Over there is a sea waiting for us to come

Know there's a mountain there to shield us from getting lost)

And if I do not come to the crevice
Where growing between the mountain and the field, there is
     papyrus,
eucalyptus, clinging inula, and sage
If I do not come to the heart of this crevice—

I am doomed to be forgotten by you.

And in the bulb
There is a cave of time in reverse
A bell that guards over all the sound within it

Fourteen years into the memory
Day after day goes by
Risking soul, water, and sand

To escape from there into the light.

## על החלב ועל הדם

בְּמָקוֹם שֶׁבּוֹ הֶחָלָב נִשְׁבָּר וְנֶעְכָּר
לְדָם. וּבִמְקוֹם שָׁם הַדָּם נֶעֱצָב
לְנֶפֶשׁ וְלִפְעָמִים לֹא מֵפְרֶה
וְלֹא רָב
אוֹתוֹ מָקוֹם שָׁם –

וּמַלְאָךְ וּשְׁמוֹ לַיְלָה
יִקַּח טִפָּתְךָ, שֶׁרֵיחָהּ נָעֵם לִי מְאֹד, וְיָלוּשׁ בְּיָדוֹ
בְּחִבָּה יְתֵרָה כְּמוֹ זוֹ שֶׁמָּזַגְתִּי לְךָ
(בְּלֵיל אֱלוּל מָלֵא) מִתּוֹךְ כַּד חֲלֵב עִזִּים מֻבְחָר
וּמִתּוֹךְ הַחֹם שֶׁבְּכַף יָדוֹ יִפָּרְדוּ כָּל אֵיבָרָיו
וְיִהְיוּ לְאֶחָד –

אַרְבָּעִים יוֹם אֲחַכֶּה לוֹ
אַרְבָּעִים יוֹם אֲחַכֶּה

וְאַדְלִיק לוֹ נֵר לְרֹאשׁוֹ
וְאֶזְכֹּר בַּעֲבוּרוֹ זַכְרוּתוֹ
עַד שִׁבְתִּי עַל מַשְׁבֵּר

## About the Milk and the Blood

When milk spoils and turns to
blood. And when blood causes the soul
to grieve for lack of fertility
and abundance
At that time—

An angel whose name is night
will take a drop from you, a fragrance so pleasant to me, and
    squeeze it in his hand
with an extra dose of love just like when I mixed for you
some choice goat's milk in a jar (on a full summer night)
And from the heat of his hand all the parts will divide
and become one—

Forty days[23] I will wait for him
Forty days I will wait

And I will light a candle for him at his head
And I will remember his manliness
Until the crisis of my giving birth.

# BOOK FOUR

from *Poems of Orphe'a* (2000)

## שיבולת

שְׁבִיל צְדָדִי שֶׁל מַה שֶּׁהוּא סָפֵק
שָׂדֶה. אֲנִי סוֹגֶרֶת פְּרֵים עַל קְבוּצַת חֲרָצִיּוֹת, שִׁבֹּלֶת שׁוּעָל,
בַּרְקָן וְדַרְדַּר בְּשִׂיאוֹ –
אָז יֵשׁ שָׂדֶה.

שָׁם יֵשׁ שִׁבֹּלֶת אַחַת מְקֹמֶץ
בְּכָל שַׁחֲרִית מְכוּפֶפֶת רֹאשָׁהּ בְּאֹמֶץ
וַאֲנִי אוֹסֶפֶת שְׂעָרָהּ הָאָרֹךְ וְצַוָּארָהּ
לִפְנִים כַּף יָדִי וּמְלַטֶּפֶת רֹאשָׁהּ
בְּכִוּוּן הַגַּרְגְּרִים הָרֵיקִים
עֲדַיִן.

וְעֹנֶג שֶׁמְּעַט יָדַעְתִּי כָּמוֹהוּ
עֹנֶג שֶׁל לַיִל בּוֹ חִבַּלְתִּי בְּתִי
עוֹבֵר וּמִתְעַבֵּר בִּי.

מִקְּצוֹת הָאֶצְבָּעוֹת לְשֹׁרֶשׁ כַּף הַיָּד
לְמַה שֶּׁהוּא סָפֵק
שָׂדֶה וּמַרְטִיט הַצַּוָּאר וְהַשֵּׂעָר

וְרַק אוֹר שַׁחֲרִית שַׁבָּת מְאַחֵד אֶת הַדְּבָרִים
מְטַלְטֵל עוֹלָמִי לִתְמוּנָה וַדָּאִית שֶׁל שָׂדֶה.

# Ear of Corn

A side path can serve as a kind of
field. I enclose it with a frame of chrysanthemums, oats,
briar, and thistle in full bloom—
And then, it's a field.

Among the batches of corn, there is one husk
which bows its head bravely each morning
and I gather its long strands and cradle its neck
in my hands and I stroke its head
in the direction of the grains that are still
unformed.

And a joy that I've rarely felt
since the night when my daughter was conceived
passes through me and fills me to bursting.

From the tips of my fingers down to my wrists
This self-styled field
makes my neck and hair quiver.

Only the light of Sabbath morning unites it all
Transforming my world into a true portrait of a field.

# באותם הימים

חִבַּקְתִּי וְלַשְׁתִּי וְלָחַצְתִּי
לִטַּפְתִּי וּמָעַכְתִּי וְסַכְתִּי
לֶאֱחֹז בְּכַף יָדֵךְ שְׁלִיחָה אִלֶּמֶת
מֵעוֹלָמֵךְ הַמְנַמְנֵם וְהַנִּרְדָּם אֵלַי.

שׁוּב רָכַנְתִּי, שְׂפָתַי קָרְאוּ
אֶת הַמֵּצַח וּבָתֵּי הָעֵינַיִם
אֶת מוֹרַד הָאַף וְהַלְּחָיַיִם
עַל פּוּמִיָּה לֶאֱסֹף כָּל הֶבֶל
וְכָל רוּחַ
זֶהוּ הַחַמְרָא
לְדוֹבֵב שְׂפָתַיִם יְשֵׁנוֹת

וּלְהַזְכִּיר מֵהֶן רֵיחַ אַפֵּךְ
שְׂדֵה תַּפּוּחַ.

## In Those Days

I hugged, and kneaded, and pressed
I caressed, and squeezed, and rubbed
To take your hand, a silent emissary
From your world of dozing and slumber to me.

Again I leaned forward, my lips reading
Your forehead and the hollows of your eyes
The slope of your nose and cheeks
To collect each vapor from your mouth's opening
Each breath
This is the wine
That moves the lips of those who are sleeping[1]

And from them recalling the scent of your face:
                              An apple field.

## שלושים יום

אֵינְךָ שׁוֹמֵעַ לִי אֵינְךָ שׁוֹמֵעַ אֶת קוֹלִי
כְּבָר שְׁלֹשִׁים יוֹם
אֲנִי מְדַבֶּרֶת אֵלֶיךָ יוֹם יוֹם
אֵינְךָ שׁוֹמֵעַ לִי אֵינְךָ לִי כְּבָר שְׁלֹשִׁים יוֹם לִהְיוֹת עִמִּי,
לִשְׁכַּב אֶצְלִי בְּצֵל אֶחָד אִתִּי לְדַבֵּר דָּבָר אֶחָד אֵלַי.
וְאֵינְךָ שׁוֹמֵעַ. אֵינְךָ שׁוֹמֵעַ לִי.
אַתָּה נִמְלָט וְרֹאשְׁךָ כְּסָה מִפָּנַי
זֶה הָיָה מְעִילְךָ הַכָּחֹל שֶׁהוֹצֵאתִי מֵהָאָרוֹן,
אַחַר כָּךְ חֻלְצַת הַפַּסִּים שֶׁל יוֹם טוֹב
אַחַר כָּךְ גּוּפִיּוֹת לְבָנוֹת בֵּינִי לְבֵינְךָ
וְתַחְתּוֹנֵי כֻּתְנָה בְּבֹשֶׂם הַכְּבִיסָה
שֶׁשַּׂמְתִּי לְךָ כַּאֲשֶׁר אָהַבְתָּ.
וְעָזַבְתָּ אֶת בִּגְדְּךָ בְּיָדִי – הַפְּשׁוּטָה לְפָנִים
וְיָצָאתָ. כְּמוֹ מִי שֶׁעוֹמֵד לַחֲזֹר
לְלֹא מַבָּט לְאָחוֹר.
מִבְּלִי שֶׁתִּקַּח דָּבָר לְבַד פָּנַי
וְגַם חֲלָקִים נִבְחָרִים שֶׁקָּרַעְתָּ בִּשְׂרִי הָרַךְ.

שְׁלֹשִׁים יוֹם אֲנִי מְדַבֶּרֶת אֵלֶיךָ
וְשָׁרָה לְךָ לְהוֹצִיא אוֹתְךָ מֵהַבּוֹר
אֵלָיו הֻשְׁלַכְתָּ
לְהַלְבִּישְׁךָ כְּתֹנֶת פַּסִּים בְּכָחֹל.

# Thirty Days[2]

You don't hear me, you don't hear my voice
Thirty days have passed
I speak to you each day
You don't hear me; it's thirty days you've not been with me,
To rest beside me in one shadow, to say one thing to me.
And you don't hear. You don't hear me.
You have fled and your head is hidden from me
Here is your blue coat that I took from the closet
And the striped shirt that you wore for the holidays
And the white undershirts that were the only thing separating us
And the cotton shorts that have a fragrance of laundry soap
That I used because you liked it
And you left the clothes in my hands—stretched out in front of me
And departed. Like someone who is about to return
                         But fails to look back.
Without taking a single thing but my face
And other choice parts that you tore from my soft skin.

For thirty days I've been speaking to you
And singing to you to draw you from the pit
Where they cast you
So I can dress you in your coat of many colors[3]
of blue.

# בלדה לבור ולבורא

לֹא אֵלֵךְ. לֹא אֵלֵךְ אַחֲרֶיךָ אֲהוּבִי לַבּוֹר
לֹא אֵלֵךְ לֹא, כִּי מִשְׁכְּנֵי הַשָּׂדֶה וְאָרוּצָה אֶל תּוֹכוֹ

לֹא אֵרֵד אֲהוּבִי לֹא אֶל הַבּוֹר
כִּי בְּעֶרֶב שַׁבָּת אֶת הַלֶּחֶם יֵשׁ לִשְׁבֹּר וּלְבָרֵךְ
עַל הַיַּיִן לְקַדֵּשׁ וּפֵרוּרִים מֵהַשֻּׁלְחָן לֶאֱסֹף וּלְפַזֵּר

לֹא אֵרֵד אַחֲרֶיךָ לֹא אֵרֵד אֲהוּבִי אֶל הַבּוֹר
בָּאוּ הַמַּלְאָכִים נִשְׁמָתְךָ לֶאֱסֹף בְּיָדְךָ אָחַזְתִּי
עַל פִּיךָ נָשַׁקְתִּי הַשַּׁעַר בַּעֲדָם לִסְגֹּר

אוֹתִי הֵם הִשְׁאִירוּ מֵאָחוֹר
לָשֵׂאת עֵינַיִם וְלִרְאוֹת
צֵל כְּנָפַיִם מַסְתִּיר וְאֵיךְ נָטָה הַיּוֹם.

לֹא אֵרֵד אֲהוּבִי אַחֲרֶיךָ לַבּוֹר
כִּי פַּחַד הַחֹשֶׁךְ שָׁם נוֹרָא
מִפַּחַד הַחֶדֶר שֶׁכָּבָה בּוֹ הָאוֹר.

לֹא אוּכַל בַּקָּשָׁתְךָ לְמַלֵּא
כָּל מַעֲשַׂי מְבַקְשִׁים לְסָרֵב
אֶת פָּנֶיךָ לְהָשִׁיב לַבּוֹרֵא

לִסְגֹּר אָזְנַי מִקּוֹלְךָ הַקּוֹרֵא
אֵלֶיךָ לְכַסּוֹתְךָ מֵהַקֹּר בַּבּוֹר.

# Ballad of the Pit and the Creator

I won't go. I won't go after you, my love, into the pit
I won't go, no, for the field beckons and I'll run to it

I won't go down, my love, into the pit
For on Sabbath eve bread must be broken and blessed
Wine sanctified and crumbs swept from the table and discarded

I won't go down after you, I won't go down, my love, into the pit
When angels came to gather your soul I grabbed your hand
Kissed your mouth and closed the gate for them

They left me behind
So I could lift my eyes and see
A hidden shadow of wings and the day descending

I won't go down with you, my love, into the pit
For terrible is my fear of darkness down there
Worse than my fear of a room with no light.

I'll not heed your requests
All the deeds I perform refuse
To return your face to the Creator

I plug my ears to your voice that calls me
To come and cover you against the cold of the pit.

## עבודה זרה

כַּמָּה קַל לִי לְסַמֵּן אֶת גְּבוּלוֹת הֶעְדֵּרְךָ
מִתַּחַת לַמִּטָּה זוּג נַעֲלֵי עֲבוֹדָה שְׁחוֹרוֹת
לִימִין הַמִּטָּה, עַל מַדָּף מִשְׁקְפֵי קְרִיאָה
וְכָרִית רֵיקָה בְּצִדְּךָ
לְצִדִּי מְחַבֶּקֶת מִתּוֹךְ אֵימָה,
אוּלַי יֵשׁ שָׁם בִּשְׁבִיל רַגְלֵי הַקָּרוֹת
עוֹד חֹמְגּוּף שָׁמוּר
לַלַּיְלָה הַזֶּה וּלְכָל הַלֵּילוֹת.

מִנָּשִׁים כָּמוֹנִי וְלֵילוֹת כָּאֵלֶּה
בָּאָה עֲבוֹדָה זָרָה לָעוֹלָם –

עִם שַׁחַר אָסַפְתִּי עָפָר
וְגִבַּלְתִּי (וְחִסַּרְתִּי מְעַט) דְּמוּתְךָ
וְכִסִּיתִי בָּצֵק וְהִטְפַּחְתִּי
גַּם טָפַחְתִּי עַל גַּבּוֹ הַתִּינוֹקִי
וְנִשַּׁקְתִּי אוֹתוֹ
וְהִלְבַּשְׁתִּי לוֹ כֻּתֹּנֶת מִכֻּתְנָה
שֶׁרָקַמְתִּי עֲבוּרְךָ.

וְשָׁכַבְתִּי לַיְלָה עַל יָדוֹ
וְקָרָאתִי לוֹ וְקָרָאתִי
בִּשְׁמְךָ

וְהָיִיתִי בְּעֵינַי כְּמִי שֶׁעֲבוֹדָה
זָרָה שְׁמוּרָה בְּרַחְמָהּ מִקַּדְמָא.

# Idolatry

How easy it is for me to mark the borders of your absence
Under the bed, a pair of black work shoes
To the right of the bed, reading glasses on a shelf
And on your side, an empty pillow
Clasped in fear to my side,
Perhaps there's still a trace
Of body heat left for my cold feet
For tonight, for every night.

It is for women like me on nights like these
That idolatry entered the world—

At dawn I collected dust
And molded your figure (though lacking a bit)
And I covered the dough and moistened it
And patted its childlike back
And kissed it
And dressed it in a cotton shirt
I embroidered for you.

And I lay down beside it at night
And called to it, calling it
By your name

And in my eyes I became like one for whom idol worship
Is preserved in her womb
From ancient days.

# דלת המתים

עַל דֶּלֶת הַמֵּתִים אֲנִי דוֹפֶקֶת
הו, דֶּלֶת הַמֵּתִים תִּרְעַד מִמַּכּוֹתַי
אֲנִי רוֹצָה לָדַעַת שֶׁהַמַּפְרִיד
נִתָּן לְהִשָּׁבֵר עַד הַמָּחָר
שֶׁיֵּשׁ בִּזַעֲזוּעַ גַּל
שֶׁיּוֹבִיל אֶת הַקּוֹל לְשַׁלְוָתְךָ הַמְדֻמָּה
שֶׁמֵּאֲחוֹרֵי הַדֶּלֶת יֵשׁ יָד מוּנֶפֶת
לִשְׁבֹּר אֶת הַמִּפְלֵחַ אֶת הָעוֹלָם
כְּמוֹ תַּפּוּחַ עַל גַּרְעִינָיו.

לִפְתֹּחַ אֶת הַדֶּלֶת וּלְהִפָּגֵשׁ
לַאֲרוּחָה קַלָּה שֶׁל בֹּקֶר עִם דִּבּוּר וְיָד עַל הַכָּתֵף
שֶׁנִּכְרְתָה בִּגְלַל שָׁעוֹן שֶׁל הָאַחֵר.

## Door of the Dead

I knock on the door of the dead
Oh, the door of the dead shakes from my pounding
I want to know that the barrier
Can be broken someday
That a trembling wave
Will carry the sound to your supposed tranquility
That behind the door there's a hand raised up
To smash what slices the world
Like an apple from its seeds.

Let's open the door and meet
For a simple breakfast with conversation and a hand on the
    shoulder
Which was all cut short
By that clock on the other side.

# רק במזרח

## א

עַכְשָׁו, עַכְשָׁו שֶׁעָזַבְתָּ
אֶת הַבַּיִת (זֶה הָיָה עֶרֶב שַׁבָּת לְאַחַר הַקִּדּוּשׁ
שֶׁעָשִׂיתָ לִבְנוֹתֶיךָ לְאַחַר אֲרוּחָה שֶׁלֹּא אָכַלְתָּ. לֹא לֶחֶם לֹא יַיִן
לֹא דָּג וְלֹא מָרָק שֶׁהָיָה עַל הַשֻּׁלְחָן שֶׁלֹּא אָכַלְתָּ לֹא)
הָלַכְתָּ לַמִּזְרָח.
וְכִי לְאָן תֵּלֵךְ לְאָן תֵּלֵךְ מִכָּאן.
הַמִּזְרָח רַךְ לְךָ וְיֶאֱסֹף אוֹתְךָ בִּזְרוֹעוֹתָיו כְּאִשָּׁה.

מִמַּעֲרָב בָּאתָ וְהַמִּזְרָח יָשַׁב עַל גְּרוֹנְךָ וּבֵין שְׂפָתֶיךָ
וְהִפְרִיד בֵּין מִלּוֹתֶיךָ לְהַר הַנִּכּוּר וְהַדִּבּוּר
שֶׁעָלָיו טִפַּסְתָּ.

## Only in the East

A.

Now, now that you've left
the house (it was Sabbath eve after making a blessing over the wine
for your daughters, after a meal you didn't eat. Neither bread nor
    wine
nor fish nor soup on the table, you didn't eat, no)
You went to the East.
After all, where else will you go, where else will you go from here.
The East is tender and will gather you in its arms like a woman.

You arrived from the West but the East sat in your throat and
    between your lips
and came between your words and a mountain of strangeness that
    you climbed
with speech.

ב

רַק בַּמִּזְרָח שְׁתֵּי כַּפּוֹת יְדֵי הַכֹּהֲנִים
פִּירָמִידָה לְנִשְׁמָתֵךְ.
רַק בַּמִּזְרָח אֲרָיוֹת וְאַיָּלוֹת קוֹפְאִים לְהַקְשִׁיב
לְקוֹלוֹת מַיִם רְחוֹקִים.
שָׁם, בַּמִּזְרָח, הָעוֹלָם שְׁוֵה צְלָעוֹת תִּהְיֶה
נִשְׁמָתֵךְ מְנוּחָתֵךְ. שָׁם,
שָׁם יֵשׁ מִזְרָח רִמּוֹנִים וּבָהּ מְקֻפֶּלֶת בְּתוֹךְ
מִגְזֶרֶת נְיַר הָעִיר. שָׁם תּוּכַל לְהַקְשִׁיב לִנְשִׁיקוֹתַי
בְּלִי לְהַרְגִּישׁ. עַכְשָׁו
תּוּכַל לִקְנוֹת לְךָ בָּהּ בַּיִת שֶׁל נְשָׁמוֹת עִם חַלּוֹן יָרֹק
וְעֵץ גּוּיָאבָה לְיַד עֵץ לִימוֹן וְהַגֶּפֶן תִּתֵּן וְתִתֵּן וְתִתֵּן.

B.

Only in the East are two priestly hands
a pyramid for your soul.
Only in the East do lions and deer stop in their tracks to hear
the sounds of distant water.
There, in the East, the world has sides that are equal
and your soul will find its rest. There.
There, you'll have a mizrach[4] adorned with pomegranates and
    folded within it
a paper cut of the city. There you'll be able to listen to my kisses
without feeling them. Now
you'll be able to buy yourself a house of souls with a green window
and a guava tree beside a lemon tree, and a vine that will yield and
    yield and yield.

# הימים שאחרי

וְהִנֵּה שְׁתִיקָתְךָ הִיא חֶרְפָּתִי
שְׁתִיקָתְךָ הִיא מִלָּה
גְּדוֹלָה מִיכָלְתִּי
עָלֶיהָ אֲנִי הוֹלֶכֶת
מִימִינִי, רוּחַ עוֹבֵר וּמְנַגֵּן
בְּיָם קְלִפּוֹת רֵיקוֹת
וּמִשְּׂמֹאל אֵשׁ נוֹשֶׁכֶת וְקוֹרֵאת לִי:
בּוֹאִי, בּוֹאִי, לְפֹה.

וְאֵין שְׁתִיקָתְךָ בָּאָה מֵאַהֲבָה
זֶהוּ הַוִּתּוּר עַל מַה שֶּׁהָיָה
זֶה הַסָּפֵק עַל שֶׁהוֹוֶה וּמְיַסֵּר בִּי כָּל לַיְלָה.

## The Days After

You know, your silence has become my disgrace
Your silence is a word
Bigger than my ability
To prevail
On my right, a wind passes by and hums
Over a sea of empty shells
And on my left, a fire bites and calls to me:
Come, come, over here.

Your silence does not derive from love
It is giving up on what was
The doubt about what is
That torments me all night long.

# על נהר הוולטָבה

יָדַעְתְּ כִּי בָּאתִי אֵלַיִךְ צַלְיָן לַחֲדָרַיִךְ
לִמְקוֹמוֹתַיִךְ. בָּאתִי צַלְיָן לְפַלֵּחַ אוֹתָךְ
כְּמוֹ רִמּוֹן הַבָּשֵׁל בְּאַרְצִי
לָדַעַת לוּז גַּרְעִינַיִךְ
לָדַעַת הַמָּקוֹם מִמֶּנּוּ בָּא
הַיֹּפִי הָאַכְזָר לְפָנַיִךְ.

בָּאתִי לְחַלּוֹן הַקֶּשֶׁב שֶׁל הַתְּפִלּוֹת
וְהוּא צַר וְעָמֹק וְהוּא כּוֹאֵב וְהוּא רֵיק
וְהַקִּירוֹת סָבִיב לְבָנִים מִנְּשׂא.
בָּאתִי לַחֲדְרוֹן הָאָפֵל
לְהָעִיר אֶת הַגֹּלֶם שֶׁלִּי הַנּוֹפֵל
וְהוּא בִּנְשִׁיקָה אֶת נִשְׁמָתִי לָקַח וְקָם
אֶת גּוּפִי הָרֵיק הֶחֱזִיר לְהַלֵּךְ –

וּבַלֵּילוֹת עַל נְהַר הַוּוֹלְטָבָה (מַה זָּר לִי שְׁמוֹ)
יָשַׁבְתִּי וּבָכִיתִי כְּאִשָּׁה
צְלוּבָה אֶל נְעוּרֶיהָ לְלֹא קְדֻשָּׁה
אֶל עִיר תְּלוּיָה
עַל גֶּשֶׁר אֶחָד.

# On the Vlatava River[5]

You knew that I came as a pilgrim to your quarters
Your sites. I came as a pilgrim to split you open
Like a pomegranate ripe from my land
To know the essence of your seeds
To know the place from which
The cruel beauty of your face derives.

I came to the attentive window of your prayers
It was narrow and deep, pained and empty
And the walls surrounding were too white to bear.
I came to a dim little room
To rouse my fallen golem[6]
And with a kiss he got up and took my soul
Taking leave of my empty body, departing—

And at night on the Vlatava River (how strange its name)
I sat and wept[7]
Like a woman crucified by her youth
Without holiness
On a city suspended
By a single bridge.

# ניסן והכיסא הריק

יָשַׁבְתִּי וְשַׁרְנוּ מִנְיַן אֲנָשִׁים וְעוֹד אַחַת
וְהַכִּסֵּא מִמּוּל הָיָה רֵיק.
דִּבַּרְנוּ וְשַׁרְנוּ וְאָכַלְנוּ
וְהַכִּסֵּא הָיָה רֵיק
יָשַׁבְתִּי לְיַד הַכִּסֵּא
לִפְעָמִים זֶה מוּל זֶה
לִפְעָמִים זֶה מִיָּמִין
לִפְעָמִים בָּא גַּם מִשְּׂמֹאל
וְהַכִּסֵּא הָיָה רֵיק.

וַנִּצְעַק וַנִּזְעַק שׁוּב וַנִּזְעַק
לְמַלֵּא אֶת הָרֵיק בְּקוֹלֵנוּ
הַהוֹמֶה מֶה מֶה מֶה מֶה
קָרְבָּן הֵבֵאנוּ לוֹ כֶּבֶשׂ תָּמִים
שֶׁיְּהֵא שָׂרִיד הַזִּכָּרוֹן
מֵיתַר מְשׁוֹרֵר בֵּינֵינוּ לְבֵינוֹ
וְהַכִּסֵּא הָיָה רֵיק.

בֵּרַכְנוּ וּבִקַּשְׁנוּ לָלֶכֶת
וְהַכִּסֵּא הָרֵיק הָלַךְ בְּעִקְּבוֹתֵינוּ
וּכְשֶׁיָּרַד לַיִל דָּפַק בְּרַגְלֵי הָעֵץ
עַל דֶּלֶת הַבַּיִת:
״פִּתְחִי לִי פִּתְחִי לִי פִּתְחִי
כְּמוֹ שֶׁהָיִיתִי מָלֵא״ כָּךְ נִקֵּשׁ וּבִקֵּשׁ
נִכְנַס לְמִטָּתִי הָרֵיק
וּבְאַרְבַּע רַגְלָיו אוֹתִי חִבֵּק.

# An Empty Chair in the Month of Nissan[8]


I sat and we sang, ten people and one
And the chair before me was empty.
We talked and we sang and we ate our fill
And the chair was empty.
Beside it I sat
Across from it too
At times to its right
At times to its left
And the chair was empty.

We shouted and wailed and we shouted again
Filled the void with our voices
Bleating bah—bah—bah—
A pure lamb is our offering
A memory to be
A poet's tie everlasting
Between us and Him
And the chair was empty.

Saying grace and departing
The chair followed us home
And when night descended
Its wooden legs beat at my door:
"Open up, open up,
Like when I was whole"
Thus it knocked and it pleaded
        To my bare bed it came
        And with four legs it held me
        In a tight embrace.

# כובדו של הרִיק

## א

אֱלֹהַי, אֶת כָּל כָּבְדּוֹ שֶׁל הָרִיק
הֵטַלְתָּ עַל כְּתֵפַי. כָּל כָּבְדּוֹ שֶׁל הָרִיק
מְכוֹפֵף גַּבִּי
וּמוֹשֵׁךְ צַוָּארִי
לְנַשֵּׁק אַחֲרֶיךָ.

# The Weight of Emptiness

A.

Lord, the whole weight of emptiness
You placed on my shoulders. The whole weight of emptiness
Bends my back
Pulls my neck
To follow you.

ב

מִכֹּחַ נְגִיעָתְךָ הַמְרַחֶפֶת
עַל עָרְפִּי וּתְנוּכֵי אָזְנַי
מִכֹּחַ גַּעְגּוּעִים
לַעֲשׂוֹת לִי אוֹתְךָ נוֹכֵחַ

בְּשָׁכְבִּי וּבְקוּמִי
וּבְעִקָּר
בְּלֶכְתִּי. בְּלֶכְתִּי בַּבֹּקֶר
בַּבֹּקֶר בַּדֶּרֶךְ וְצִלָּהּ שֶׁל כַּלְבָּה לְבָנָה
פְּשׁוּטַת יְצָרִים לְפָנַי –

וְאַתָּה אִתִּי, אֵלֶיךָ אֲנִי אוֹמֶרֶת
אֶת בַּקָּשָׁתִי, אֶת קוֹלִי אֲנִי שׁוֹמַעַת
מְמַלֵּא אֶת הָרִיק בִּדְבָרִים.
וְאַתָּה נֹכַח חַדְרֵי בִּטְנִי, גְּרוֹנִי, מֵעַי,
כָּל מָקוֹם שֶׁהוּא נוּקְבָא וּמְעָרָה לְךָ.
דָּבֵק בִּשְׁתִיקָתְךָ. לֹא קוֹל, לֹא דָּבָר בַּטֶּלֶפוֹן,
לֹא מִכְתָּב, לֹא מַגָּע. לֹא דָּבָר אֱנוֹשִׁי שֶׁאוּכַל.
יָצָאתִי לְסַפֵּר בַּדְּרָכִים
לְמַלֵּא סִימָנִים שֶׁיּוּכְלוּ יְלָדַי לְהַלֵּךְ בַּמָּקוֹם הַקַּר וְהָרֵיק.

B.

The power of your touch that hovers
Over my neck and earlobes
The power of longing
To make you present for me

In my lying down and my rising up
And especially
My going out. My going out in the morning
On my journey where a shadow of a white dog
Whose simple desires are before me—

And you are with me. To you I tell
My wishes, I hear my voice
Fill the emptiness with words.
And you inhabit the chambers of my body, my throat, my guts,
Every place that is open and hollow is yours.
Cleaving to your silence. No voice, no word on the phone,
No letter, no touch. No human thing I can claim.
I went out to declare it in the streets
Gathering signs for my children to find their way through this cold
    and empty place.

הנוכח והנעדר

עַכְשָׁו כְּשֶׁהָרִיק הַפְּנִימִי
הוֹלֵם בָּרִיק הַחִיצוֹנִי
וְדָפְנוֹת גּוּפִי נִקְרָעִים לְמַגָּע
אֲנִי מְמַלְּאָה אֶת חֲלַל הָאֲוִיר
בְּמִכְתְּבֵי אַהֲבָה בְּאוֹתִיּוֹת וּבְמִלִּים
שֶׁיִּתְנַגְּשׁוּ כְּמוֹ גַּלֵּי קוֹלוֹ שֶׁל סוּמָא
בְּכָל אָדָם אוֹ עֶצֶם וְיָשׁוּבוּ כִּתְנוּעַת אֲוִיר טְעוּנָה

וְהִנֵּה חוֹזְרִים הַקּוֹלוֹת אֵלַי
חַלָּשִׁים מִמַּסָּע
וּלְלֹא מַגָּע.

## Present and Absent

Now when the emptiness inside bumps up against
The emptiness outside
And the walls of my body are injured by the contact
I fill the air space with love letters
With print and words
Like sound waves for the blind
Hitting each person and object and returning like a movement
    brimming with air

Yet the sounds come back to me
Weak from their journey
And without touch.

## אישה נשברת

וְהָאִשָּׁה נִשְׁבֶּרֶת. אֵיךְ אִשָּׁה נִשְׁבֶּרֶת?
מֵהַמֹּתֶן.
נִשְׁבֶּרֶת מֵהַמֹּתֶן וְגוּפָהּ הָעֶלְיוֹן נִמְשָׁךְ
מַטָּה בִּתְנוּעַת מֶטְרוֹנוֹם
פְּעָמִים רֹאשָׁהּ בָּאֲדָמָה נוֹגֵעַ וְנָסוֹג
וּפְעָמִים מִצְחָהּ נוֹגֵעַ בַּשָּׁמַיִם הַיּוֹרְדִים לְעֶבְרָהּ.
לִפְעָמִים נִשְׁבָּר מִצְחָהּ לָאֲדָמָה וְנִמְשָׁכִים שָׁדֶיהָ
שְׁנֵי שַׂקֵּי פִּשְׁתָּן בִּתְנוּעַת מְטַטֶּלֶת
גִּבּוּן הֶחָלָב לִגְבִינָה.

אֵיךְ אִשָּׁה נִשְׁבֶּרֶת –
מֵהַמֹּתֶן
מֵהַמֹּתֶן נִשְׁבֶּרֶת וְגֵוָהּ נִמְשָׁךְ
אַחַר צַוָּארָהּ לְאָחוֹר
שְׂעָרָהּ חֲבָלִים חֲבָלִים נִשְׂרָךְ לָאֲדָמָה
וְהִיא נָעָה עַל צִירָהּ תְּנוּעָה מְשֻׁנָּה
שֶׁל כְּאֵב, כְּאִלּוּ אָבִיהָ שֶׁבַּשָּׁמַיִם
הָיָה בּוֹעֲלָהּ
כָּךְ נִרְאֲתָה לִי עַשְׁתֹּרֶת
קְטֹרֶת וְצַלְמִית אִשָּׁה שְׁבוּרָה בְּחַלּוֹן רַאֲוָה.

## A Woman Breaks

The woman breaks. How does a woman break?
From the waist.
She breaks from the waist and her upper body is pulled
in a downward movement like a metronome
At times her head grazes the ground and returns
At times her forehead touches the heavens falling down on her.
Sometimes her forehead hits the ground and her breasts are pulled
Like two swinging linen bags
Turning milk into cheese.

How does a woman break—
From the waist.
She breaks from the waist and her torso is pulled
backward following her neck
Her hair falls to the ground strand upon strand
And she turns on her axis with a strange movement
of pain as if her father in heaven
Was assaulting her
   That is how Astarte[9] looked to me
   A statue of a broken woman, a sacrifice in a window display.

## חיה על המת

הַמַּסָּע הוּא דֶּרֶךְ אַחֶרֶת, בִּתִּי
לוֹמַר לָךְ שֶׁאֲנִי חַיָּה עַל הַמֵּת.
לַמַּסָּע שֶׁיָּצָאתִי לֹא אֶרְאֶה אֶת הַבַּיִת הָרֵיק.

רַק אֶחְשֹׁב מָה אֹמַר לוֹ וּבַמָּה אֶבְחַר לְסַפֵּר
עִם סִיּוּמוֹ שֶׁל מַסָּע שֶׁהֵחֵל בָּרֶגַע שֶׁיָּצָא
מִבְּלִי לְהַבִּיט אוֹ לָקַחַת מֵהַבַּיִת דָּבָר.
הַמַּסָּע אֶל עִיר הַנָּהָר הוּא מַסָּע אֶל הַבִּלְתִּי אֶפְשָׁר
אֶל צִדָּהּ הַחוֹתֵךְ בַּבָּשָׂר
שֶׁל תְּפִלָּה שֶׁהוּשְׁבָה –
מִכְתָּב בִּכְתַב יָד
שֶׁלֹּא נִמְצָא לוֹ
נִמְעָן.

# Living on the Dead

The journey is another way, my daughter
to tell you I live on the dead.
I won't see the empty house on the journey I started.

I'll think only about what I'll say to him and what I'll choose to tell
at the end of the journey that started the moment that he left
without looking back or taking anything from the house.
The journey to the river city is a journey to the impossible
to the flesh-cutting side
of a prayer that's sent back—
a handwritten letter
that cannot find to whom
    it's addressed.

# בריתמוס האהבה

## א

מָה רָצִיתָ לוֹמַר לִי בְּלֶכְתְּךָ מַה מֵּאִיר הֶהָעְדֵּר
בָּאֲפֵלַת הַמִּרְוָח שֶׁהִתְקַיֵּם פֹּה בֵּינֵינוּ.
"אֵיפֹה אֲנִי בְּכָל זֶה?"
שָׁאַלְתָּ וְהִכִּיתָ עַל אֶדֶן הַחַלּוֹן
שָׁם נִשְׁאַר פָּתוּחַ סֵפֶר הַיָּמִים שֶׁמּוֹנֶה אֶת רִיתְמוּס
הַנְּשִׁימוֹת הָעוֹנוֹת לַלֵּילוֹת, נְשִׁימוֹת הַדּוֹחֲפוֹת
תִּינוֹק לֹא מוֹדָע מִתּוֹכִי אֶל יָדַיִם שֶׁיִּקְּחוּ
וְיֹאמְרוּ לוֹ אַתָּה הוּא אֲנִי וִינִיפוּהוּ
מִפֹּה לְשָׁם בֵּין עִיר אַחַת לְבֵין דֶּרֶךְ הַיּוֹרֵד לַמִּדְבָּר
בְּרִיתְמוּס הָאַהֲבָה.

## ב

בַּתָּא הַצַּר וְהַלָּבָן
בֵּין הָאַסְלָה לַכִּיּוֹר וְלַמִּקְלַחַת
בְּהִתְעַטֵּף עָלַי נַפְשִׁי בַּמַּגֶּבֶת
אָז אוּכַל לְהָבִיא שְׁתַּיִם פָּנַי אֵלֶיךָ
לְהָכִין גּוּפִי בְּסַבּוֹן בֹּשֶׂם וּשְׁמָנִים לְאִישִׁי
וְלִשְׁפֹּךְ נַפְשִׁי עִם הַמַּיִם אֶל הַבִּיּוּב
זוֹ שְׁעַת עַרְבַּיִם

מֵהַמָּקוֹם הַזֶּה אֵין אִישׁ מוֹצִיא
דַּעְתִּי בְּלֹא רְשׁוּתִי.

# In the Rhythm of Love

A.

What did you want to say to me when you left, what sheds light on
    the absence
in the dark space between us.
"Where am I in all this?"
you asked, and slammed your hand on the windowsill
where a diary lies open counting the rhythm
of breaths responding to the nights, breaths that push
an unconscious baby from within me into hands that take him
and say to him, you are me, and swing him
from here to there, between a city and a road that goes down to the
    desert
in the rhythm of love.

B.

In the narrow white cubicle
Between the toilet, sink, and shower
When my soul fainted within me[10] into a towel
It was then that I could bring both of my faces to you
To prepare my body with fragrant soap and oils for my man
And pour my soul down the drain with the water
In the evening hour

From this place no one could drive me mad
without my permission.

ג

וּבִשְׁעַת עַרְבִית
מִתְיַצְּבוֹת הַמִּלִּים וְעוֹמְדוֹת
עַל גַּיְא נָטוּי בֵּין רֹאשׁ הַשָּׁנָה לְיוֹם כִּפּוּר
עִם הַפָּנִים אֵלֵינוּ מִי בְקִצּוֹ וּמִי לֹא
מִי בַמַּיִם וּמִי בָאֵשׁ מִי בַּפַּחַד וּמִי יֶחֱלֶה
וְהֵן מְחוֹלְלוֹת
אֶת רִקּוּד הַחֵשֶׁק
עִם בַּקְבּוּק עָרַק עַל הָרֹאשׁ
מְטַפַּחַת מֶשִׁי צִבְעוֹנִית עַל הַמֹּתֶן
וּבֶטֶן רַכָּה וְרוֹטֶטֶת
לִפְנֵי הַכַּלָּה הַמְהַסֶּסֶת.

C.

And at the time for evening prayers
The words establish their presence
In the valley between the slopes of Rosh Hashanah and Yom Kippur
With their faces turned toward us: who will die and who will live
Who by water and who by fire,[11] who by fear and who by illness
And they dance
With a bottle of liquor on their heads
A colorful silk kerchief around their waists
And a belly, soft and quivering
Before the tremulous bride.

## אחרי שלושה ימים

א

שְׁלֹשָׁה יָמִים צִפִּיתִי שֶׁתָּקוּם וְתָבוֹא
תִּפְתַּח אֶת הַדֶּלֶת כְּאָדוֹן וְתֹאמַר:
אֲנִי פֹּה, אֲנִי הוּא הָאִישׁ שֶׁהָיִיתִי.
קִוִּיתִי שֶׁיִּהְיֶה בְּךָ הַכֹּחַ לָשׁוּב
"לִהְיוֹת מֵת זֶה עִנְיָן מְיַגֵּעַ
רָצוּף נִסְיוֹנוֹת לְתַקֵּן הַחְמָצוֹת..."
מֵחִבּוּקוֹ שֶׁל הָאֱלֹהִי אֶל שֻׁלְחַן הַמִּטְבָּח
הָאֱנוֹשִׁי בְּטֶרֶם יִפְנֶה גַּם הוּא אֵלַי
אֶת עָרְפּוֹ עַל גַּבּוֹ הַמְּחֻסְפָּס.
בַּבֹּקֶר אַרְבַּע לַחְמָנִיּוֹת בְּשׁוֹקוֹלָד
וְעִם עֶרֶב חֲבִיתָה לְיַד סָלָט
עוֹד מְעַט יִמָּלְאוּ יְרָחַי בִּלְעָדֶיךָ.

ב

אֵין סוֹדוֹת בֵּין קִפְלֵי בְּגָדֶיךָ וְלֹא
שֵׁמוֹת נִסְתָּרִים בְּתוֹךְ רְשִׁימוֹתֶיךָ
וְכָךְ מִתְבַּהֶרֶת לְאִטָּהּ אַהֲבָתְךָ
כְּמוֹ מִרְפֶּסֶת שֶׁבָּנִיתָ מֵחַלּוּקֵי נַחַל
לְבֵית אֲרָעִי עַל שִׂפְתֵי מִדְבַּר יְהוּדָה
מֵעַל וָאדִי קֶלְט, מִרְפֶּסֶת יְכוֹלָה לִהְיוֹת
צַלַּחַת פֵּרוֹת עַל אֶדֶן חַלּוֹן כְּחֹם הַיּוֹם
חֲלוֹם לְשָׁעָה שֶׁהֶחָלָל שֶׁל הַפְּנִים וְהָרִיק שֶׁל הַחוּץ
נִפְגָּשִׁים לִתְמוּנָה חַד־פַּעֲמִית, אַהֲבָתְךָ.

# After Three Days[12]

A.

For three days I expected you to get up and come
and open the door like a lord declaring,
"I am here, I am the man I was."
I hoped you had the inner strength to return.
"Being dead is
fraught with attempts to make up for lost opportunities . . ."
From his heavenly embrace to the earthly kitchen table
before it too turned its rough back to me.
In the morning, four chocolate rolls
In the evening, an omelet with salad on the side
Soon my moons will be filled without you.

B.

There are no secrets in the folds of your clothes and no
hidden names among your lists
thus, your love becomes clear
like the porch you built from river stones
for the makeshift house on the edge of the Judean Desert
above Wadi Qelt,[13] a porch can be
a plate of fruit on a windowsill, like the heat of the day it's
a dream for an hour when the void inside and the emptiness outside
come together in a picture just once: your love.

# מראית עין

אַל תִּטְעִי לַחְשֹׁב שֶׁהַפָּנִים הֵם הַמַּרְאִית
אַל תִּטְעִי לְהָבִין שֶׁהַשִּׂיחָה הִיא דִּבּוּר
אַל תִּטְעִי לְהַאֲמִין שֶׁהַלַּיְלָה הוּא שֵׁנָה
כִּי הַשֵּׁנָה הִיא נְדוֹד אֶל הַדּוֹד

כִּי שָׁמַעְתִּי קוֹלוֹ שֶׁל אָדָם הַנִּפְרָד
מֵהַגּוּף מִתְקָרֵב וּבָא אֵלַי.
מְקַמֵּט נִשְׁמָתִי הַטְּיוּטָה
וְשׁוֹלְחָהּ אֶל הָאָח
לַעֲלוֹת כְּאִשָּׁה.

## False Impression[14]

don't make the mistake of thinking the face is a true reflection
    don't make the mistake of understanding chatter as speech
        don't make the mistake of believing that the night is sleep
            because sleeping is wandering to one's beloved

because I heard the voice of a man who was separated
    from his body approaching and coming toward me,
        crumpling a facsimile of my soul
            and throwing it into the fire
                to ascend as his wife.

# BOOK FIVE

## from *Messiah* (2003)

# משיח

מִתּוֹךְ הַמָּסָךְ. לְלֹא אֵכֶף לֹא עַל חֲמוֹר וְלֹא עַל גָּמָל
מִתּוֹךְ הַמָּסָךְ אֶל חֲדָרִי רָכוּב עַל מִלָּה
לִפְעָמִים מְרֻבַּעַת לִפְעָמִים עֲרַבֶּסְקָה סְתוּמָה
פְּעָמִים בְּקִירִילִית פּוֹתֵחַ אִתִּי שִׂיחָה

וְכָךְ הָחֵל מֵהַסּוֹף
יוֹם שֶׁיָּבוֹא יוֹם שֶׁהָיָה גּוּפוֹנִי הַנִּסְתָּר הַכָּחוּשׁ מֵאֲחוֹרֵי מָסָךְ
וּוִילוֹן שְׁלֹשָׁה יָמִים הָיָה וִיהֵא מֻשְׁלָךְ לָרְחוֹב
שְׁלֹשָׁה לֵילוֹת מֵהַמִּדְרֶכֶת לָרְחוֹב
מֵהָרְחוֹב לַמִּדְרֶכֶת וְרַק עוֹרְבִים וְכַלְבֵי רְחוֹב
יִקְרְבוּ לָדַעַת הֲזֶהוּ הָאִישׁ הַזֶּה

יִתְגּוֹלֵל הַגּוּף הַקָּטָן שְׁלֵם אֵיבָרִים וּמְרֻקָּן מִדָּמוֹ
הַנִּשְׁפָּךְ מִנְּקָבִים יְדוּעִים שֶׁאֵינָם אֶלָּא חֻדֵּי מְחָטִים
וְזָרַם וְיִזְרֹם כַּיַּיִן לְשׁוּלֵי הָרְחוֹב

בַּלַּיְלָה הַשְּׁלִישִׁי בְּעֵת חִלּוּף מִשְׁמָרוֹת
תָּבוֹא הָאִשָּׁה לִמְשֹׁךְ אֶת גּוּפוֹ הַמֻּשְׁלָךְ
לְאָסְפוֹ אֶל בִּכְיָהּ לְהָקִים לוֹ בַּיִת וּמַצֵּבָה

וַעֲדַיִן אוֹמֶרֶת הָיִינוּ עוֹבְרִים וְשָׁבִים
מַבִּיטִים בַּחֲדַל אִישִׁים הַבָּזוּי הַנִּקְלֶה
הַדָּקוּר לְעֵינֵינוּ. נָקַבְנוּ הִפְלֵאנוּ בּוֹ מַבָּטִים

וְטוֹב הָיָה לָדַעַת הוֹי מַה טּוֹב כִּי מֵת הָאִישׁ
כְּאִלּוּ מֵת בִּרְחוֹבֵנוּ נָחָשׁ נוֹשֵׁךְ מֵם
וְרַק חֵיקִי בָּעַר כְּרֶחֶם בְּעוֹנָתוֹ
לָגַעַת שְׂעַר פָּנָיו וְלֶאֱסֹף גּוּפוֹ
גּוּף יֶלֶד קָטָן עָזוּב וְעָצוּב מִפְּנֵי הָעוֹלָם.

# Messiah

From out of the screen. Without a saddle, not on a donkey or a camel
From out of the screen into my room riding on a Word
Sometimes square sometimes vaguely arabesque
And at times Cyrillic, he opens a conversation with me

Thus starting from the end:
A day will come a day when he'll become corporeal, slender and
    hidden behind a partition and curtain
Three days and then he'll be cast onto the street
Three nights from the sidewalk to the street and from the street to
    the sidewalk
Only crows and wandering dogs
Will approach in order to know if this is the man

Until the small body with all its organs will roll over emptied of blood
Pouring out of known crevices that are no more than pin pricks
Flowing profusely like wine to the sides of the street

On the third night at the changing of the guard
A woman will come to drag away his cast-off body
Adding him to her sufferings in order to erect a shelter and monument

She still says we were only passing by
Watching the forsaken people who are despised and scorned
Being stabbed before our eyes. We pierced him with our eyes and
    sanctified him

Alas how good it was to know that the man had died
As if a snake had died on our street after biting a cripple
Yet I alone felt my breast burning like a womb in its season
Touching his facial hair and gathering his body
The body of a small child who is sad and lost in the world.

# מתי אתה

אֵיפֹה אַתָּה,
אֵיפֹה אַתָּה אָדָם,
כָּתַבְתִּי בְּאוֹתִיּוֹת לָטִינִיּוֹת דּוֹבְרוֹת אַנְגְּלִית אֶת אִישׁ שִׂיחִי
בַּמַּחְשֵׁב הַנּוֹדֵד אִתִּי.
זֶה לֹא הַשְּׁאֵלָה לְבֶן הָאָדָם אוֹ לַ־divi filius,* שַׁאֲלִי: מָתַי אַתָּה.
מָתַי אַתָּה אִישׁ מָתַי אַתָּה אֱנוֹשׁ מָתַי אַתָּה אִינְדִיבִידוּאוּם מָתַי
אַתָּה יָלוּד מָתַי אַתָּה מֵת וּמָתַי אַתָּה בָּא מָתַי אַתָּה שָׁב
וְאַחַר כָּךְ דְּעִי אוֹתִי
דְּעִי מֵהַמָּקוֹם בּוֹ אֵין לָדַעַת רַק לְהַרְגִּישׁ בִּלְתִּי אֶפְשָׁרִי
וְלִרְצוֹת לָשׁוּב מִשָּׁם לַעֲלוֹת אֶל הָרָגִישׁ הַלֹּא נָגִישׁ
כְּמוֹ אוֹר יָרֵחַ הַנִּפְרָשׂ כְּשָׁטִיחַ לַהוֹלְכִים עַל הַיָּם
מִכָּאן לְקַו הָאֹפֶק שֶׁאֵינוֹ רַק תָּו
דְּעִי אוֹתִי דְּעִי שֶׁאֲנִי הֲלִיכָה
אֲנִי הָעוֹבֵר לְלֹא שְׁנַת וּמֵת כָּל שַׁבָּת
וְקָם מִתּוֹךְ הַהַבְדָּלָה מִתּוֹךְ רֵיחַ בֹּשֶׂם הַהֲדַס וּמַגַּע הַיַּיִן בָּאֵשׁ
עִם צַעֲקַת הַכּוֹאֵב
אָנָּא אֲדֹנָי הוֹשִׁיעָה נָא אָנָּא אֲדֹנָי הוֹשִׁיעָה נָא אָנָּא
וַאֲנִי אָז מֵת.

* בן האלוהים

# When Are You

Where are you,
Where are you, oh man
I wrote in Latin letters speaking English to a man conversing
With me on my portable computer.
This is not a question for a human being or a *divi filius*,[1] the
    question is: when are you.
When are you a man when are you human when are you an
    individual when
Are you mortal when are you dead when are you coming when do
    you return
And after that: know me
Know the place where one cannot know but only feel the impossible
Desire to return from there to rise and feel what cannot be touched
Like moonlight spreading its carpet for those treading the sea
From here to the line on the horizon that is not just a mark
Know me know that I am on my way
Moving without sleep and dying each Sabbath
Getting up from *havdalah*[2] from the fragrant scent of myrtle and
    the touch of wine in fire
With a cry of pain
Please God save me,[3] please God save me
And then I die.

## נע ונד ודחוי

נָע וָנָד דָּחוּי וּבָזוּי וְנוֹשֵׂא זְרָעִים
בְּכָל בֹּקֶר חוֹפֵר בַּיִת לִקְבֹּר זִכְרוֹנוֹת
וְגַם הֵם נָדִים מְכֻסֵּי פֶּצַע נוֹשְׂאֵי יֹפִי וּמַכְאוֹב חֹלִי וְדִמְיוֹן
סוֹדְקִים הַקִּירוֹת מִכֹּחַ תְּנוּעָתָם
זִכְרוֹנוֹת שֶׁל נָעִים וְגוֹלִים מַפְלִיגִים בַּיַּמִּים
שֶׁל נוֹשְׂאֵי מִזְוָדוֹת עַל שָׁדוֹת וְנִמְלֵי אֲוִיר

אָז אָמַר הָאִישׁ הָאוֹפֶה בְּכָל יוֹם כִּכַּר לֶחֶם
וּמַנִּיחַ הַפַּת עַל סַף הַדֶּלֶת
פִּתּוּי וְקָרְבָּן לִכְבוֹדְךָ מְנַחֵם בֶּן עַמִּיאֵל
שֶׁתָּבוֹא בְּעִקְבוֹת רֵיחַ הַלֶּחֶם לְבַשֵּׂר שֶׁזֶּה הָעֵת
לִקְבֹּר אֶת תַּרְמִיל הַזִּכָּרוֹן וְאֶת מוֹט הַשִּׁכְחָה
קְבוּרַת תַּלְמִיד חָכָם
בְּבוֹר הַגְּנִיזָה שֶׁבִּקְצֵה הַכְּפָר.

## Wandering and Rejected

Wandering rejected despised and bearing seed
Every morning I dig a home to bury my memories
But they too wander about covered in wounds bearing beauty pain
    fear and imagination
Causing the walls to crack from the force of their movement
Memories of wanderers and exiles sailing the seas
Dragging suitcases through ports and airfields

Then the man who bakes a loaf of bread each day
Placed a loaf on the doorstep and said
A temptation and an offering for you, Menachem son of Amiel[4]
That you should be drawn by the scent of bread to announce that
    this is the time
To bury the sack of memories and the yoke of forgetting
A wise student's burial place
Is in a hidden pit at the village edge.

# נושא תפילה ואשמה

בִּקַּשְׁתִּי אוֹתְךָ בִּתְפִלָּתִי
כְּשֶׁיָּדַי עַל הַמַּקָּשִׁים וּמִתּוֹךְ גּוּפִי
עוֹשָׂה אוֹתְךָ בַּדִּים בַּדִּים
שֶׁתִּתֵּן בְּיָדַי
מַפְתֵּחַ לַבְּאֵר
מַפְתֵּחַ לַתְּהוֹם
מַפְתֵּחַ לַיַּעַר
מַפְתֵּחַ לַקַּנְיוֹן
מַפְתֵּחַ לַשִּׁמָּמוֹן
מַפְתֵּחַ לְהַלְמוּת וְקוֹל זְרִימָה
מַפְתֵּחַ לְהֶמְיַת לֵב וְכִסּוּפִים
בִּקַּשְׁתִּי אוֹתְךָ בִּתְפִלָּתִי שֶׁתִּשְׁמַע
שֶׁתָּבוֹא שֶׁלֹּא אֶהְיֶה עֲזוּבָה.    וְאָמַרְתָּ אֲנִי שָׁם.
כְּאִלּוּ הָיִיתָ עֶלְיוֹן הֵן יְלוּד אִשָּׁה אַתָּה
נוֹשֵׂא אַשְׁמָה מֵאֵי שָׁם.

## Bearing Prayer and Guilt

I asked for you in my prayer
With my hand on the keyboard and from within my body
I make up stories about you:
In my hand you'll put
A key to the pit
A key to the abyss
A key to the forest
A key to the canyon
A key to desolation
A key to pounding and a flowing voice
A key to a heart that yearns and longs
I asked for you in my prayer so that you will hear
That you'll come and I won't be left alone. And you said, "I am
    there."
As if you were above
Yet also mortal
Bearing guilt from a place unknown.

# מנחם, אהובי

בְּסֻכַּת הַדְּרָכִים עַל כְּבִישׁ גּוֹלָנִי כַּרְמִיאֵל
טָפַח לַמֶּלוֹן שֶׁבִּקַּשְׁתִּי עַל פָּנָיו וְקָרָא לוֹ: בָּלָדִי
וְלַתְּאֵנִים שֶׁנֶּאֶסְפוּ אֶל הַסַּל: בָּלָדִי
וְשִׁכְנַע אוֹתִי בְּמֶתֶק שְׂפָתַיִם שֶׁזֶּה הַבָּלָדִי
וְאֵין בִּלְתּוֹ, קִנְאַת הָעוֹבְרִים עַל הַדֶּרֶךְ
לֹא עָמַדְתִּי בַּפִּתּוּי וְנָעַצְתִּי שִׁנַּיִם בְּסֹגֹל בְּשָׂרָהּ
שֶׁל תְּאֵנָה וּבִלְשׁוֹנִי אָסַפְתִּי וְהִפְנַמְתִּי הָעֵדֶן הַמָּתוֹק
אָמַר לִי חִילוּ חִילוּ תְּאֵנֵי הַבָּלָדִי
וְקָרָאתִי אֵלָיו וְאֶל הַמְּכוֹנִיּוֹת עַל הַדֶּרֶךְ
בָּלָדִי bloody
בָּלָדִי bloody
יָא, אָחִי, יָחוּל אוֹתָנוּ הָאֱלֹהִים.
וְהוּא סִדֵּר אֶת הַמֶּלוֹן הַבָּלָדִי וְהַתְּאֵנִים הַבָּלָדִי
וְהָעֲנָבִים הַבָּלָדִי בְּקַרְטוֹן
וְשָׂם בַּמּוֹשָׁב הָאֲחוֹרִי שֶׁל הַמְּכוֹנִית
אָמַרְתִּי לוֹ שׁוּקְרָן אָמַר לִי תְּפַאדַלִי
קִנַּחְתִּי אֶת פִּי וְעִגַּלְתִּי עִגּוּל עַל בִּטְנִי
וְאָמַרְתִּי לוֹ, אִינְשַׁאלְלָה
אוּלַי אִבָּנֶה מֵאֵלֶּה הַפֵּרוֹת. וְנָסַעְתִּי.

# Menachem,[5] My Love

At a roadside stand in the Golan on the road to Karmiel[6]
I asked for a melon and the man slapped its side, saying: *baladi*[7]
And the figs that I placed in the basket: *baladi*
His sweet lips assured me that this is the real *baladi*
And there are none others like it, the envy of all passersby
Not able to resist, I sunk my teeth into the purple-fleshed figs
And my tongue drew in and absorbed the sweet paradise
Then he said: how sweet are those *baladi* figs
And I cried out to him and to the cars on the road
Bloody good *baladi*
Bloody good *baladi*
Yes, my friend, God will make us sweet.
And he arranged the *baladi* melon and the *baladi* figs
And the *baladi* grapes in a carton
And placed them in the back seat of the car
And I said *shukran*[8] and he said *Tafadhali*[9]
I wiped my mouth and rubbed my belly round and round
And I said to him, *insha'Allah*[10]
Perhaps these fruit will strengthen me. And I drove off.

# כנפיו של עלבון

כְּנָפָיו שֶׁל עֶלְבּוֹן
כִּסּוּ אֶת הַשָּׁמַיִם וְכָל יָפְיוֹ שֶׁל הָעֶרֶב
קִבֵּל פֵּרוּשׁ אַחֵר
צֵל אָפֵל עָשָׂה לִי שָׁמַיִם וָאָרֶץ
מִישֶׁהוּ רָצַח אַחַת מִנִּשְׁמוֹתַי
זָרַק גְּוִיָּתָהּ לַשָּׂדֶה
הַשָּׂדֶה הָאָפֹר הַשּׂוֹרֵד
בְּשׁוּלֵי עִיר הַזּוֹחֶלֶת לִהְיוֹת
חַיָּה טוֹרֶפֶת בַּלֵּילוֹת.

כְּבֵדִים הָעוֹרְבִים בְּלֶכְתָּם
הִגִּיעוּ עֵיטִים וְעָמְדוּ
בִּשְׁקִידָה עַל נִשְׁמָתִי
מְנַקְּרִים וְנוֹקְשִׁים כִּקְלִידִים
לְלֹא גּוּף תְּהוּדָה.

## Wings of Humiliation

Wings of humiliation
covered the sky
and all the evening's beauty
acquired another meaning
A dark shadow created for me a heaven and earth
Where someone murdered one of my souls
and tossed the corpse into a field.
The grey field remains
on the border of a city gradually becoming
a beast of prey at night.

The ravens approach heavily
While vultures arrived and planted themselves industriously
on my soul
Pecking and pounding as if on keys
of an instrument that has no sound.

# ביתה של גלות

נִכְנַסְתִּי לְבֵיתִי וּפָגַשְׁתִּי אֶת הַגָּלוּת
הֵנִיעָה רֹאשָׁהּ לְעֶבְרִי
כִּי הָיְתָה עֲסוּקָה
בְּמַחֲשָׁבָה עַל מַהוּת הַמַּהוּ מַה הוּ
וְחִפְּשָׂה לִי

נִכְנַסְתִּי לְבֵיתִי וּבֵית הַמְּזוּזָה הָיָה רֵיק
כְּמוֹ פֶּה פָּעוּר
צוֹחֵק לְלֹא לָשׁוֹן וּלְלֹא שֵׁן.

אָחַזְתִּי בִּשְׁתֵּי יָדַי
בִּטְנִי הַנְּפוּחָה מֵעֵבֶר יָשֵׁן
מִחוּץ לָרֶחֶם בִּקַּשְׁתִּי לְהַבִּיט בּוֹ, לְלַטֵּף

הֲיָדַעְתָּ כַּמָּה הַכְּאֵב.

# Exile's Home

I entered my home and encountered exile
It nodded its head in my direction
It was busy thinking
About the essence of what is
And it searched for me

I entered my home and the mezuzah's[11] case was empty
Like a gaping mouth
Laughing without tongue or tooth

With both my hands I clutched
My belly that was swollen with a sleeping fetus
Outside the womb
I asked to see him, caress him

Did you realize how much it hurt?

# הריני תמונה לפניך

אִישׁ עוֹד לֹא בִּקֵּשׁ לְצַיְּרֵנִי עֵירֻמָּה
אִישׁ לֹא בִּקֵּשׁ לַעֲשׂוֹתֵנִי שִׁיר אוֹ שׁוּרָה
אֵינִי נְקֻדָּה בָּאֹפֶק לְאִישׁ
לִמְדֹּד מִמֶּנָּה פֶּרְסְפֶּקְטִיבָה מֶרְחָבִית אוֹ אַל־זְמַנִּית
וְרַק מִשּׁוּם כָּךְ, אִמִּי, רַק מִשּׁוּם שֶׁאִישׁ לֹא בִּקֵּשׁ
לְהַעֲמִיד לִי פָּנִים
וּמִשּׁוּם שֶׁאֵינִי יוֹדַעַת מֶה הָיָה לְפָנִים
רַק מִשּׁוּם כָּךְ, לְכָל יֶלֶד נוֹלָד בּוֹרֵאת גֹּלֶם עָפָר
שֶׁיְּהֵא צֵל מְלַוֶּה אֶת חַיָּיו, חוֹמַת אַהֲבָה וּמָגֵן

שֶׁיִּהְיֶה לָנוּ יִחוּס וּמָקוֹם
לְפָנַי וְלִפְנִים הַחוֹמוֹת.

כסלו תשס״א

# Here I Am, a Portrait before You

No man has ever asked to paint me naked
nor written a poem for me or even a line
I am not a point on the horizon for anyone
from which to calculate the perspective of distance or time
And only because of this, mother, because no man has asked
to portray my face
and because I do not know what was before
Only because of this, a golem[12] of dust was created at each child's
    birth
to be a gentle shadow accompanying its life, a shelter of love and a
    shield

It will be a legacy and a place for us
inside the sacred walls.

(Kislev, 2000)

# אתה הבדידות

רְאֵה
אֵיךְ הַבְּדִידוּת חוֹבֶרֶת אֶל הַנּוֹד
אֶל הַתְּנוּעָה שֶׁאֵין בָּהּ סוֹף
יַתְמוּת הַגּוּף הַמְחַפֵּשׂ יָתוֹם מִמֶּנּוּ
לִהְיוֹת כְּמוֹ הַקֶּשֶׁת לַמֵּיתָר
מַגָּע בִּשְׁנֵי קְצָווֹת וּבַתָּוֶךְ –
מֶתַח הַבּוֹר בֵּין שִׂפְתֵי הַחוֹל

הַקַּו מָתוּחַ בֵּין מֵי הַנַּחַל לַשֹּׁרֶשׁ
הוֹפֵךְ צַמֶּרֶת עֵץ אֶל פְּנִימוֹ.

רְאֵה, הִנַּחְתִּי רֹאשׁ עַל הַכָּתֵף
בִּתְנוּעָה עָשִׂיתִי לִי מְנוּחָה
וּדְמוּת שֶׁל בַּיִת.

מָחָר, רְאֵה, רֹאשִׁי הַנֶּעֱרָף הוּא
מְזוּזָה עוֹקֶרֶת
מִמַּשְׁקוֹף אֶחָד
לְמַשְׁקוֹף אַחֵר.

## You Are Loneliness

See
How loneliness binds itself to wandering
To movement that has no end
An orphaned body seeking another orphan
To be like a crossbow to its string
The touch of two ends at the center—
The tension at the edges of a pit in the sand

A line is stretched between the stream and its source
Turning the treetop on its face.

See, I rested my head on your shoulder
In that movement I found myself some comfort
And a semblance of home.

Tomorrow, see, my head is cut off
Like a mezuzah[13] shifting
From one door post
To another.

★

שְׁמַע.
יִשְׂרָאֵל אֲנִי אוֹמֶרֶת
וְאַתָּה מַחֲרִישׁ
עַל אָזְנֶיךָ אָזְנִיּוֹת יַפָּנִיּוֹת
מַשְׁקוֹת מוּסִיקָה מְתוּקָה
כְּמוֹ חֲלַבִּי תֻּרְכִּי
מְצֻפֶּה צִמּוּקִים וְקִנָּמוֹן.

שְׁמַע, יִשְׂרָאֵל אֵינִי
לוֹחֶשֶׁת אֶל שַׁדַּי אֲנִי לְךָ
מַטִּיפָה גֶּשֶׁם
וְאַתָּה מְחַיֵּךְ אֶל הַפָּנִים הָאֵינְסוֹפִי

לָמַדְתִּי לוֹמַר לָאַהֲבָה, שְׁנֵי פֹּה הַלַּיְלָה
מָשִׁיחַ עַכְשָׁו מָשִׁיחַ שׁוֹר וְכָחֹל
מָחָר, אֶפְתַּח לָךְ חַלּוֹן
תֵּצְאִי כְּמוֹ צִפּוֹר.

# [Hear]

Hear.
O Israel[14] I say
and you are silent
Japanese headphones cover your ears
that consume sweet music
like Turkish nougat
covered in raisins and cinnamon.

Hear oh Israel, I do not
whisper the holy Name
to you I preach rain
while you smile to the everlasting face

I learned to say to love, sleep here tonight
*Mashiach*[15] now, a blue ox[16] *Mashiach*
tomorrow I will open the window for you
you'll depart like a bird.

## ג  העמק מול ההר

בָּאתִי אֶל הַתְּאֵנָה זוֹ הַיּוֹצֵאת מִתּוֹךְ הַשּׁוּרָה
שֶׁנָּתְנָה לִי מֵהַדְּבַשׁ הַנִּפְתָּח כְּמוֹ פִּתְחוֹ שֶׁל עוֹלָם
כְּנִיסָה אֶל גּוּף הָאַהֲבָה.
בָּאתִי כְּנַקָּר חָכָם הַמַּכֶּה בָּהּ
כָּל שַׁחַר. כְּמוֹ חַיּוֹת הַסְּבַךְ הָרוֹחֲשׁוֹת בַּלַּיְלָה
כְּמִי שֶׁבָּאָה לְלַקֵּט מִן הַשִּׁכְחָה
וְאָמַר לִי פַּעַם עַל תְּאֵנָה לְבָנָה
שֶׁעָמְדָה בִּקְצֵה הַחֶלְקָה בַּמּוֹשָׁב
וְהָיְתָה נוֹתֶנֶת כָּל שָׁנָה בְּאָב
וְהָיָה מִתְגַּעְגֵּעַ לְעוֹנָתָהּ כָּל חַיָּיו.

# The Valley Opposite the Mountain

I came upon a fig tree that stood out from the row
And it gave me its honey, opening like the entrance to a world
A doorway to the body of love.
I came like a wise woodpecker gnawing at it
Each morning. Like animals in the thicket who whisper at night
Like those who come to gather out of forgetfulness
He once told me about a white fig tree
That stood at the edge of a field on the *moshav*[17]
Every year in the month of Av[18] it would bestow its honey
And he would yearn for that season all the days of his life.

# רגע לפני

רֶגַע לִפְנֵי מוֹתִי
שִׁלְחִי מֶלְקָחַיִם קְטַנִּים, מֶלְקָחַיִם גְּמִישִׁים
בְּמִפְתַּח קָטְרוֹ שֶׁל רֹאשׁ תִּינוֹק
אֶל חֲלַל פִּי
וּמִשָּׁם אֶל שְׁעָרָיו הַקְּמוּרִים שֶׁל גְּרוֹנִי
מִתַּחַת לַקְּשָׁתוֹת
בֵּין הַמֵּיתָרִים הַהוֹלְכִים וְנִרְפִּים
הוֹצִיאִי אֶת הַמִּלִּים
אֵלֶּה הַתְּקוּעוֹת
בְּצִנּוֹר הַדִּבּוּר
לֹא לִבְלֹעַ
לֹא לְהָקִיא.

מִלִּים
כְּמוֹ שֶׁכָּתַב אָבִיךְ בְּשַׁבָּת בַּשָּׁעָה שֶׁלִּפְנֵי מוֹתוֹ
לֹא לְדַבֵּר
קְצָת אֲוִיר
מַיִם
וּפִי שֶׁפָּנָה אֵלָיו
קְרִיאָה אַחֲרוֹנָה
שְׁמוֹ
כְּמוֹ אֵם הַקּוֹרֵאת לִבְנָהּ מֵעַל הַמִּרְפֶּסֶת
שֶׁיָּבוֹא כְּבָר הַבַּיְתָה
לֶאֱכֹל. שׁוֹלַחַת קוֹלָהּ לַהֲשִׁיבוֹ.
קָרָאתִי. הַאִם שָׁמַע
אוּלַי הֲבָרָה מִשְּׁמוֹ הַנִּשְׁלָח
כְּמוֹ חֵץ דָּרוּךְ
שֶׁנּוֹרָה בִּשְׁנִיָּה אַחַת מְאֻחָר.

# A Moment Before

A moment before my death
Insert some small tongs, flexible ones
The span of a baby's head
Into the opening of my mouth
Through the curved gateway of my throat
Under the arches
Between the vocal chords that have become slack
Extract the words
Those that are stuck
In the wind pipe
Not swallowed
Or vomited.

Words
Just as your father wrote on the Sabbath the hour before his death
Don't talk
A bit of air
Water
And my mouth that turned to him
Calling a last time
His name
Like a mother calling her son from the balcony
To come home already
To eat. Her voice sent to retrieve him.
I called. Did he hear
Perhaps a syllable of his name reached him
Like a cocked arrow
Which fires one second too late.

רֶגַע לִפְנֵי מוֹתִי
הוֹצִיאִי בְּלֶדֶת מֶלְקָחַיִם
דִּבּוּר מִגְּרוֹנִי
וְקִרְאִי לִי שֶׁאֶשְׁמַע
שְׁמִי בְּפִיךְ
בִּתִּי, נִשְׁמָתִי

וְלֹא אֵלֵךְ יְתוֹמָה
אֶל אָבִי וְאִמִּי.

A moment before my death
Extract with birth tongs
Speech from my throat
And call me so I will hear
My name from your mouth
My daughter, my soul

So I will not go an orphan
To my father and mother.

# זה אינו מעוף

כְּנָפַיִם פְּרוּשׂוֹת אֵינָן מָעוֹף זוֹ הוֹשָׁטַת קְצוֹת הַגּוּף
לְרִפְרוּף אוֹ קִעוּר שֶׁתָּשִׂים בָּהּ טִפָּה מַלְבִּינָה
שֶׁתַּגִּיעַ לְמַגָּע

פְּרִישַׂת הַיָּדַיִם הִיא מִדָּה לְאָבְדָן הִיא חִפּוּשׂ קְצֵה הָעוֹלָם
מַשְׁקוֹף שֶׁל דֶּלֶת יָדִית לְחַלּוֹן
קִיר מוֹבִיל מִמָּקוֹם לְמָקוֹם
וְהָאַיִן בָּא וְאוֹחֵז אֶצְבָּעוֹת וּפוֹסֵק כְּטַרְפֵּי עוֹף

כְּשֶׁאַתָּה קוֹרֵא בּוֹאִי כַּלָּה בּוֹאִי כַּלָּה וְרֵיחַ בְּשָׂמִים בְּאַפְּךָ
שְׁמַע יָדַי הָאוֹחֲזוֹת בַּחֲשֵׁכָה הַנּוֹפֶלֶת בְּשֶׁקֶר חֶסֶד.

# This Is Not Flight

Outstretched wings are not flight, but endow the ends of the body
With a flutter or a curve into which you can place a drop of
    whiteness
For touching

Outstretched hands are a measure of loss, a search to the ends of
    the earth
A doorpost a window latch
A wall leading from place to place
And nothingness comes and grasps at fingers spreading like birds of
    prey

When you call "come oh bride, come oh bride"[19] with the scent of
    perfume in your nostrils
Hear how my hands grasp at the lie of kindness as the darkness
    descends.

# BOOK SIX

## from *The Gardener, the Shrew, and the Harlot* (2006)

# בלילה באו הצבאים

בַּלַּיְלָה הַלָּבָן בָּאוּ הַצְּבָאִים
עַד הַחַלּוֹן. עָמְדוּ בַּחֲשֵׁכָה הַמַּלְבִּינָה
וְעָצְרוּ אֶת הַתְּנוּעָה בַּשְּׁרִירִים

מַבָּט חָתַךְ כְּבָרָק אֶת הַלַּיְלָה וּלְרֶגַע
נִרְגַּע הַפַּחַד

עָלָה הָאוֹר מֵהַמָּקוֹם בּוֹ עָלָה בַּוָּרֹד הַמְּזֻהָב
קוֹל פַּרְסוֹתֵיהֶם הִכָּה בָּאֲדָמָה הַקְּשׁוּיָה וְנֶעֱצַר
בְּתַבְלִיט לָבָן

נָסוּ הַצְּבָאִים לְאָן שֶׁנָּסוּ
יָצָאתִי לִרְאוֹת אֵיךְ קָפְאָה הָאֲדָמָה
מִתַּחַת לַמַּיִם. אֵיךְ קָפְאוּ הַמַּיִם מִתַּחַת לַשָּׁמַיִם
וּתְמוּנַת עֶלְיוֹנִים בִּוְרִידֵי הַקֹּר

גַּם צְלָלִיתָם שֶׁל הַצְּבָאִים הַבּוֹרְחִים
אֶל הַיַּעַר הָרֵיק נִרְשְׁמָה
בִּבְרֵכוֹת הַקֶּרַח בַּשָּׂדוֹת

## The Deer Came at Night

On the white night the deer came
to the window. They stood in the whitening darkness
not moving a muscle

A glance cut the night like lightning and for a moment
calmed the fear

Light rose from the place where the golden pink ascended
while the sound of their hooves struck the hardened earth and came
    to a halt
on the white sculpted surface

The deer fled to where they flee
I went outside to see how the ground froze
beneath the water. How the water froze beneath the sky
forming a picture of the heavens in veins of cold

how silhouettes of the deer fleeing
to the empty forest
are inscribed on the ice ponds of frozen fields

## וידעתי שגם הים הוא מקום

וְיָדַעְתִּי שֶׁגַּם הַיָּם הוּא מָקוֹם
מָקוֹם שֶׁפּוֹגֵעַ בִּי
שֶׁשּׁוֹכֵב בִּי
כְּמוֹ אֶבֶן בַּמְּצוּלוֹת

וּמִשָּׁם מַעֲלֶה וּמוֹרִיד בִּי
מָסַךְ שְׁתִיקָה עַל מְעָרוֹת
אֶת הַשְּׁהוּת שֶׁבֵּין הַפְּסִיעוֹת
אֶת הַמַּעֲבָר שֶׁבֵּין דְּהִירָה
לְבֵין יְרִידַת שְׁנָתוֹ לִירֵכַי.

## And I Realized the Sea Is Also a Place

And I realized the sea is also a place
A place that hurts me
That settles in me
Like a stone in deep water

And from there it rises and falls in me
A screen of silence over caves
The pause between steps
The space between gallops
And between the dwindling of his year and my thigh.

# הידיעה שלי על השתיקה

הַיְדִיעָה שֶׁלִּי עַל הַשְּׁתִיקָה
בָּאָה מִתּוֹךְ תְּשׁוּקָה
סְגוּרָה בְּגוּפִי כְּמוֹ בּוּעָה
שֶׁאֵינָהּ נִבְלַעַת וְאֵינִי מְקִיאָה

קוֹלִי רַחַשׁ אָרִיג
וְעִנְיָנוֹ חֲפָצִים וּמַעֲשִׂים וְחֶשְׁבּוֹן עַל הַנֶּפֶשׁ
אֲשֶׁר בְּבֵיתִי

הַיְדִיעָה שֶׁלִּי עַל הַשִּׁירָה
בָּאָה מִתּוֹךְ הַנֶּחְנָק וְהַנִּסְגָּר

כְּמוֹ פֶּה חָתוּם בְּחָרִיץ
מְחַבֵּר וּמַפְרִיד בֵּין שְׂפָתַיִם
כְּמוֹ לָשׁוֹן אוֹהֵב וּמְבַקֵּשׁ
לְנַשֵּׁק וּלְיַלֵּד וּלְמַלֵּל

אֶת שִׂפְתֵי הַתְּשׁוּקָה

## My Knowledge of Silence

my knowledge of silence
derives from desire
that is stuck inside me like a bubble
that can't be swallowed or thrown up

my voice is a rustling sound that is woven
out of objects and deeds and self-assessment
that are in my house

my knowledge of poetry
derives from being choked and blocked

like a sealed mouth with a slit
that connects and separates the lips
like a tongue loving and asking
to kiss to give birth and to utter

the languages of desire

# על הקול ויתרתי

עַל הַקּוֹל שֶׁהוֹלֵךְ וְהוֹפֵךְ לְמַתֶּכֶת
וִתַּרְתִּי
עַל כּוֹס תֵּה מִשְׁתֶּפֶת עַל מִרְפֶּסֶת שֶׁפּוּנָה לְגֶפֶן
וִתַּרְתִּי

שָׁכַחְתִּי אֶת פָּנַי וְיָצָאתִי
לַחֲזֹר עִם פָּנִים אֲחֵרוֹת
כְּמוֹ אֶרֶץ זָרָה

שֶׁתֹּאהַב מֵחָדָשׁ. כִּי הָיִיתִי
אִשָּׁה נָכְרִיָּה אַלְמָנָה וְגֵרָה

רַק עַל בִּטְנִי לֹא וִתַּרְתִּי הִשְׁאַרְתִּי
שָׂדֶה פָּרוּעַ וְשָׁכוּחַ בְּשׁוּלֵי שְׁכוּנָה
בִּקְצֵה רְחוֹב כְּמוֹ שְׁתִיקָה

עַד שֶׁבָּא כְּאִישׁ נַדְלָ"ן
לָחוּשׁ הֶקֵּפָיו וְשִׁפּוּלָיו
לְרָכְשׁוֹ לְדוֹבְבוֹ וּלְשַׁנּוֹתוֹ

וָאֶעֱשֶׂךָ אָז לְעוֹלֵה רֶגֶל, חַאג'
אוֹ צַלְיָן

# I Succumbed to the Voice

To the voice that turns to metal
I succumbed
To the shared cup of tea on a porch near the vineyard
I succumbed

I forgot my own face so I went out
And returned with a different one
Like a foreign country

So you will love once again. For I was
A foreign woman, a widow, a stranger

Only on my belly I did not succumb, leaving behind
A wild and abandoned field at the edge of the neighborhood
Like silence at the end of the street

Until he came like a real estate agent
Sniffing around it, beneath it
To purchase it, talk about it, change it

I will then conceive of you as one bringing offerings to the Temple,
    or on a hajj,
Or as a holy pilgrim

# כל האנחנו

הוּא וְאִשְׁתּוֹ הַמֵּתָה וְאִשְׁתּוֹ הַחַיָּה
וַאֲנִי וַאֲבוֹתַי הַנָּחִים וּבוֹעֲלַי הַיְשֵׁנִים
שִׁחְרַרְנוּ כְּמוֹ מָשִׁיחַ אֶת הַמֵּתִים
לַיְלָה בּוֹ שָׁכַבְנוּ עַל שְׂפַת הַיָּם
בְּמָקוֹם שֶׁנִּשְׁמַע כְּהֹלֶם לֵב עוֹלָם

כִּסִּינוּ עֵירֻמֵּנוּ בַּחוֹל כְּמִנְהַג הַחַיּוֹת
וְאַחַר כָּךְ הִתְחַבֵּאנוּ בֵּין גַּלֵּי הַיָּם
כִּילָדִים חוֹמְדֵי מַמְתָּק וּמִשְׂחָק
כְּאָדָם וְחַוָּה מִפְּנֵי אֱלֹהִים וְאָשָׁם.

גֹּרַשְׁתִּי מֵהָעוֹלָם בְּלֵיל קַיִץ אֶחָד
לַתֶּפֶר שֶׁבֵּין הַיָּדוּעַ לַלֹּא נוֹדָע
לָשׁוּב וּלְהִתְחַפֵּשׂ וּלְהִתְגָּרֵשׁ
וּבְיָדִי כְּתַב עֶלְבּוֹנִי.

## All of Us

He and his dead wife and his living wife
And I and my resting forefathers and my sleeping lovers
Liberated the dead like a messiah
We lay on the beach at night
In a place where the pulse of the earth could be heard

We covered our nakedness with sand like animals
And then hid between the waves
Like children yearning for sweets and games
Like Adam and Eve before there was God and guilt.

One summer night I was expelled from the world
To the line between what is known and not known
To return and masquerade and be divorced
And on my hand is written my degradation.

# "הרואה את זה אומר: זה הוא זה"

לַחְלֹם עַל אַחַת וְלִשְׁכַּב עִם אַחֶרֶת
לְהַקְשִׁיב לָרוּחַ וְלָדַעַת רַק בָּשָׂר
לְהַזְרִיעַ וּלְהָכִין יְדֵי פְּיֶטָה
חָלָב לְהֵינִיק לְהָרִיחַ דָּם נִשְׁפָּךְ
לִסְעֹד עַל שֻׁלְחָן וּלְהָרִיחַ טִגּוּן מְדוּכָּן
לִהְיוֹת עַל הַר וְלִשְׁמֹעַ קוֹלוֹ מִן הַיָּם
לָצֵאת מִנָּמֵל וְלִרְאוֹת לַמִּדְבָּר
לְהָקִים בַּיִת וְלַחְשֹׁב אֵיךְ יְפֹרַק

לִכְרֹךְ סֵפֶר וְלָדַעַת שֶׁיִּשָּׁכַח
לִרְאוֹת לְךָ בָּעֵינַיִם
בּוֹאֲךָ שִׁבְתְּךָ
שָׁכְבְּךָ לֶכְתְּךָ

## "He who sees it says: That is it"

| | |
|---|---|
| To dream about one | And sleep with another |
| To listen for the spirit | And know only flesh |
| To plant seed | And prepare the hands of the pietà[1] |
| To nurse with her milk | To inhale spilled blood |
| To dine at a table | And smell frying from a stand |
| To be on a mountain | And hear his voice from the sea |
| To exit a port | And look out to the desert |
| To build a house | And think how to dismantle it |

To publish a book and know it will be forgotten
To look into your eyes
Your coming your resting
Your lying down and your departing[2]

# פרידה אחרת

בְּשַׁבָּת עָצַמְתִּי אֶת עֵינָיו

הַנֶּפֶשׁ יָצְאָה וּכְבָר בַּאֲנָחָה
שֶׁתֵּלֵךְ בַּחֲלוֹמִי עוֹד זְמַן רַב

וּכְבָר הָלְכָה וּכְבָר אֵינָהּ
אֶצְבָּעוֹת שֶׁיָּדְעוּ לְהוֹלִיד מִמֶּנּוּ הִנַּחְתִּי
עַל עֵינַיִם עֲמוּצוֹת וְלֹא נֶעֱצָמוֹת

וּכְבָר הָלְכָה וְעוֹד מְעַט כָּבְתָה

וְזֶה מַעֲשֶׂה שֶׁמֵּעַצְמוֹ –
אֵין עָלָיו שִׂכְחָה
כִּ־מְעַט שְׁפִיכַת דָּם

## A Different Departure

On the Sabbath I closed his eyes[3]

The soul departed and its sigh
Will enter my dreams for a long time still

It has parted and is no more
Fingers that knew the birth of his child I placed
On eyes that were closing but not closed

It has already departed and will soon be snuffed out

And this act of closing
Cannot be forgotten
    Like murder, almost

## א

הַגַּנָּן וְהַתַּפּוּחִים מוֹצִיאִים אוֹתִי מֵהַפּוֹאֶטִיקָה
שֶׁל קוֹץ וְתַפּוּזִים וּמְבִיאִים בִּי שָׂפָה אַחֶרֶת

גַּם הַשָּׁמַיִם
גַּם אֱלֹהִים אֲחֵרִים
אֵל נָדִיב

וְיֵשׁ שָׁם גַּן וְגַנָּן סָמוּי בֵּינְתַיִם וְלוֹ מְרִיצָה וּמַשְׁפֵּךְ
וּזְרָעִים בְּשַׂקִּיּוֹת בִּמְגֵרַת שֻׁלְחַן הָעֵץ בַּבִּיתָן הַצְּפוֹנִי.

כְּמוֹ לְחִי נַעֲרָה בְּצִיּוּר שֶׁל וֶרְמִיר הַמַּעֲבָר מֵהַיָּרֹק הַבָּהִיר
כִּמְעַט צָהֹב אֶל הַוָּרֹד הָרַךְ הַמּוֹבִיל לְיָרֹק אַחֵר דֶּרֶךְ לָבָן עַל לָבָן
אַתָּה חָשׁ אֶת מַגַּע הַמִּכְחוֹל בַּצֶּבַע הָרָטֹב בַּחִפּוּשׂ אַחַר הַמִּשְׁתַּנֶּה
וְכָךְ בָּא עֲלֵיהֶם הָאוֹר
עַל הַכְּתָמִים בַּדֶּשֶׁא שֶׁהוּא הַשָּׁטִיחַ שֶׁנִּפְרַשׂ לִקְרַאת נְפִילָתָם
הַכֹּל הָיָה שָׁם כְּדֵי שֶׁיִּהְיֶה מָה. כְּלוֹמַר גֻּמָּה
בִּלְתִּי נִרְאֵית כִּמְעַט עַל הַדֶּשֶׁא, כִּיפּוּף הָעֵשֶׂב
לִקְרַאת הַנּוֹפֵל עָלָיו.

הַכֹּל הָיָה שָׁם כְּדֵי שֶׁאֶשְׁכַּח

וַיָּבוֹא הַסַּנָּאִי
וַיִּגְלֹשׁ בִּתְנוּעַת נָחָשׁ עַל הָעֵץ
אֶלָּא מָה

# [The Gardener and the Apples]


The gardener and the apples take me away from the poetics
Of oranges and thorns and bring out another language in me

And a heaven too
With a different god
A god of generosity

There's a garden and a gardener who's concealed for now; he has a
  wheelbarrow and a funnel
and bags of seed in the drawer of a wooden table in the hut up
  north.

Like a maiden's cheek in a Vermeer painting, the transition from
  light yellowish green
to soft pink brings about a different shade of green through white
  on white
You sense the touch of the brush with wet paint in search of the
  variation
That's how the light reaches
the patches of grass, a carpet spread out to catch those that fall
It's all there for a purpose. Namely, there's a hole that's almost
  undetectable
on the grass bent with weeds
for the sake of those who fall into it.

Everything was there so that I will forget.

And then came a squirrel
Slithering like a snake up a tree
It figures

## ט צלליתו

גֵּוּ הַמְּפַנֶּה אֵלַי כְּגַלִּים נָעִים שְׁרִירִים בִּזְרוֹעוֹתָיו
וְהֵבִיאוּ אֵלַי כַּעֲנָנִים גַּעְגּוּעֵי לַדַּיָּג שֶׁלִּי
עַל שֶׁעַרְסֵל שְׁנָתִי בֵּין יַרְכָתַיִם
וְעָשָׂה לִי בַּיִת אַ־רְאִי לִרְאוֹת בּוֹ לְבָנָה פַּעֲמַיִם
וְשֹׁבֶל הַלֹּבֶן עַל הַמַּיִם הָיָה שִׂמְלַת כְּלוּלוֹתַי, לְשָׁעָה.

תְּנוּעַת אֹרֶךְ וּתְנוּעַת רֹחַב מְדֻיֶּקֶת
כְּמוֹ חָרִישׁ בְּאֶרֶץ קָשָׁה
מִתְכּוֹפֵף מִפָּנָיו שֶׁל עֵץ אַגָּס אוֹ תַּפּוּחַ
חוֹלֵף עַל פְּנֵי חַלּוֹנִי נוֹכַח בְּצִלְלִית
מַפְנֶה אֵלַי צְדוּדִית וַאֲנִי רוֹאָה אֶת עֵינָיו
מְעָרוֹת הַשּׁוֹמְרוֹת מַיִם יְרֻקֵּי תּוֹכוֹ

קָרָאתִי לוֹ מִתּוֹךְ הַגֶּפֶן
שְׁתֵּי שׁוּרוֹת, הֲרֵי זוֹ כֶּרֶם
שָׁבַרְתִּי זְרוֹעָהּ הוֹרִידָה מֵי כְּאֵב
וְלֹא דִּמַּע וְלֹא בָּא
וְנִשְׁאַרְתִּי לַחֲבֹשׁ וּלְכַבּוֹת אוֹתָהּ

# His Shadow

His back turned toward me, like rolling waves, muscles in his arms
Brought back to me like clouds, yearnings for my fisherman
How he rocked me on the boat while I slept
And built me a makeshift house where I could watch the moon,
     twice
A white path on the water was my wedding dress for an hour.

Precise movements, vertical and horizontal
Like plowing hard land
Bent in front of a pear or apple tree
He passes by my window, proven by his shadow
That turns its profile toward me and I see his eyes
Deep caverns guarding murky green waters within

I called to him from among the grapevines:
Behold! Two rows make a vineyard
I broke a branch and waters of pain dripped
But no tears flowed
And I stayed behind to bandage it and staunch the wound

## יא נובמבר בתפוחים

נוֹבֶמְבֶּר הִפִּיל אֶת הַתַּפּוּחִים הָאַחֲרוֹנִים מֵהָעֵץ
וְעָשָׁן רַךְ כְּמוֹ רֵיחַ מִקְטַרְתּוֹ שֶׁל אֲהוּבִי בָּא

מֵאֵשׁ בַּעֲרֵמַת זְרָדִים וּמֵעָלִים יְבֵשִׁים שֶׁהַגַּנָּן
שָׁלַח אֵלַי מִכְתָּב חָרוּךְ
לְכִי לְהִתְהַלֵּךְ בִּשְׁנָתֵךְ
בּוֹאִי לְפִנַּת הַגָּן

אֵשׁ מִבֵּיתִי יָצְאָה מִחוּץ לַזְּמַן שֶׁמִּחוּץ לַזְּמַן

הוֹשַׁטְתִּי יָד אֵלֶיהָ בְּגֹבַהּ לִבִּי
לְחַמֵּם פִּרְקֵי אֶצְבְּעוֹתַי הַקְּפוּאִים

תְּנוּעָה שֶׁלָּמַדְתִּי מֵהָעִוְרִים
וְהַשָּׁבִים

# November Apples

November makes the last apples fall from the tree
And like the fragrance of my lover's pipe, soft smoke wafts

From the burning pile of twigs and dry leaves that the gardener
Sent me, a burned letter:
Go walk in your sleep
Come to the corner of the garden

Fire emerged from my house, from the outer regions of time

Proudly I held out my hand
To warm the tips of my fingers

A gesture I learned from the blind
And those who return

ב

הַמַּבָּט לְאָחוֹר
עוֹשֶׂה אֶת כָּל שֶׁעָשִׂינוּ
אֶת כָּל שֶׁזָּכַרְנוּ
לְבִלְתִּי תָּמִים
Retrospectiva
מַבָּט שֶׁרָאוּי לִי לָמוּת עֲבוּרוֹ

לַחֲלֹץ אֶת נַעַל הָעוֹר מֵרֶגֶל אָהוּב
כְּמוֹ לְהַזְמִין אֶת גּוּפוֹ
לִרְקֹד עַל הַחוֹל בְּחֹפֶשׁ תְּנוּעוֹת וְלִשְׁחוֹת
לְגַלּוֹת אֶת אֵינְסוֹף בְּדִידוּתוֹ שֶׁל הַגּוּף

# [Looking Back]

Looking back
    Makes all we've done
    All we remember
    Into something blemished
    A retrospective
    For me it's a glance back that's worthy of death

Taking off a leather shoe from the foot of one's beloved
Is like inviting his body
To dance on the sand, move freely, and swim
Exposing the body's loneliness that never ends

## ב על גבעת עלייה

1

הַאִם זוֹ לְשׁוֹן יַבָּשָׁה אוֹ לְשׁוֹן יָם
זוֹ בָּאָה בְּתוֹךְ זוֹ
וְהָאוֹר מַתִּיךְ אֶת הַיָּם לְמַרְאָה בְּעָצְמָה מְעַוֶּרֶת
וְהַמַּבָּט הוֹלֵךְ עַל הַמַּיִם לִתְפֹּס אֶת הַקַּו
שֶׁיִּלָּכֵד הַמַּבָּט וְיִמְנַע מִמֶּנִּי גֶּשֶׁת
לְחִפּוּשׂ אַחַר מִפְרָשׂ וְיוֹצֵא וּבָא עִם הָרוּחַ עַל הַמַּיִם

בְּכָל בֹּקֶר מִתְחַדֵּשׁ הַחוֹף
הַזֶּה וְהַיָּם הַזֶּה שָׁם קָצֶה לַלְּבַד מִזֶּה
מֵהַחוֹף אֶל הַיָּם מַתְחִילָה נִשְׁמַת הָאִשָּׁה בִּי
זֶה הַמַּבָּט שֶׁהִזְמִין אוֹתִי בּוֹ
אֵלָיו וּמִמֶּנּוּ לָלֶכֶת לָלֶכֶת לָבוֹא
בּוֹ לָלֶכֶת לְקַבֵּל אֶת הָרוּחַ
בַּכָּחֹל הָאֵינְסוֹפִי
וְלַעֲשׂוֹת אוֹתוֹ קוֹלָר וּמַחֲרֹזֶת
כְּאֵב סְבִיב צַוָּארִי

# On the Heights of a Hill

Is that dry land or is it an inlet of the sea?
One comes out of the other
The light melts the sea into a blinding mirror
and one's gaze scans the water to grasp the line of separation
that traps one's view and prevents me from approaching
in search of a sail that comes and goes with the wind on the water

Each morning this shore is renewed and
it and the sea create an edge that allows them to be apart from one
      another
from the shore to the sea the woman's soul in me begins
the gazing that draws me to it and from it
Going going and coming into it
Going to receive the spirit
in the limitless blue
making it a collar and a string of pain
around my neck

# BOOK SEVEN

from *Seventh* (2008)

# המקום שנתן לי שמו

לָקַח מִמֶּנִּי אֶת הַבַּיִת שֶׁיָּכֹלְתִּי לִבְנוֹת
אוּלַי אֶפְשָׁר אָדָם לִבְנוֹת בַּיִת אֶחָד לְפָחוֹת, בֵּין לֵדָתוֹ לְמוֹתוֹ
בֵּין הַיָּם לְבֵין הָהָר וְהַמִּדְבָּר, יִמְצָא לוֹ מָקוֹם לְבֵיתוֹ
יִבְנֶה לוֹ בַּיִת וְיֵדַע אֶת עַצְמוֹ

הַבַּיִת שֶׁיָּכֹלְתִּי לִבְנוֹת וּכְבָר הָיוּ מַפּוֹת שֶׁל תּוֹכוֹ
וּכְבָר קָבַע אַדְרִיכָל פְּתָחִים בַּקִּירוֹת בְּקַוִּים יְשָׁרִים
וּמִרְפֶּסֶת אֶל הַנּוֹף

הַבַּיִת שֶׁיָּכֹלְתִּי
לַעֲשׂוֹת בְּפַרְבַּר הַשָּׂפָה
בֵּין מְבוֹכֵי עִיר גְּדוֹלָה שֶׁשְּׁבִיל סָמוּי מוֹבִיל אֵלָיו
וּכְבָר נִכְתַּב מְקוֹמוֹ בִּכְתֹבֶת
וְיֵשׁ חַלּוֹן אֶל הַצָּפוֹן מִשָּׁם יִכָּנֵס אוֹר

כְּשֶׁאָחַז בְּיָדוֹ הָאַחַת קְלַף הַמְּזוּזָה בְּיָדוֹ הַשְּׁנִיָּה פַּטִּישׁ
וּמַסְמֵר בֵּין שְׂפָתָיו

יָרְדָה יָד מִשָּׁמַיִם וּבָלְלָה
אֶת דַּרְכָּם שֶׁל הַקְּלָף מִבֵּית הַמְּזוּזָה
וְהַפַּטִּישׁ הִכָּה בַּיָּד הָרֵיקָה
רָאָה אוֹתָנוּ
נֶאֱחָזִים בְּתִרְגּוּם כְּמוֹ פִּגּוּם
לְהָבִין זֶה אֶת זֶה

הַמָּקוֹם שֶׁנָּתַן לִי אֶת שְׁמוֹ
הוֹלֵךְ וּמִתְרַחֵק וּמִישֶׁהוּ אַחֵר נוֹתֵן
בּוֹ שֵׁם

# The Place¹ That Gave Me Its Name

He took away the home I could have built
perhaps it's possible for a person to build at least one home between
     his birth and his death
between the sea and the mountain and the desert, he'll find a place
     for his home
and in building it, he will know himself

In the home I could have built, there was already a floor plan
and the architect had marked with straight lines the openings for
     the walls
and a balcony with a view

The home I could have made
is in a suburb that borders on
the tangled streets of a big city with a hidden path leading to it
and the site had an address already written on it
and a window facing north to let in the light

As he held the mezuzah parchment in one hand and the hammer in
     the other
and a nail between his lips

A hand came down from the heavens and mixed up
the position of the parchment in the mezuzah case
and the hammer hit the empty hand
and saw us
holding on to the translation like scaffolding
in order to understand one another

The place that gave me its name
grows ever more distant and now there is someone else who gives it
a name

# מְעַט

בַּזְּמַן
שֶׁהַחֲרָשָׁה הַדְּלִילָה מְלֵאָה קוֹלוֹת
תּוֹרִים וְנַקָּרִים וְאֳרָנִים
אוֹר הַבֹּקֶר הִדְלִיק
חַיּוֹת הַקְּדוּמִים

חַכַּת הָעֶצֶב יוֹרֶדֶת לְמָקוֹם
פְּנִימִי שֶׁאֵינִי יוֹדַעַת אֶת שְׁמוֹ

מְעָרַת הַהֶעְדֵּר פְּתוּחָה
לְגֵאוּת הַכְּאֵב וְשֵׁפֶל הַחֶמְלָה

מְעַט מַיִם בַּגֵּבִים
מְעַט אוֹתִיּוֹת לַמִּלִּים
מְעַט כֶּסֶף בַּכִּיסִים
מְעַט זְמַן לַחַי
הַקָּרֵב לַמֵּתִים

עָשׂוּ בִּי שִׁנּוּי
שֶׁאֵינִי מַכִּירָה אֶת פָּנַי
הַבָּאִים לְמוּלִי מִתּוֹךְ הִקָּווּת
מַיִם מִתְגַּשְּׁמִים

לְמַחֲטֵי אֳרָנִים מַרְקִיבִים
אֵין קוֹלוֹת מְנַקְּרִים

## Not Enough

At the time
When the woods are bare and filled with the voices
Of turtledoves and woodpeckers and pines
The morning light evoking
The animals of ancient days

A cord of sadness is cast down within me
To a place I cannot name
A cave whose emptiness is open
To the surging waters of pain and the receding of compassion

Not enough water in reservoirs
Not enough letters in words
Not enough money in pockets
Not enough time for life
As it moves toward dying

Please bring about a change in me
So that I won't recognize the faces
Coming toward me in the pool of water
And becoming real

Pine needles decay
And no woodpeckers sing

# המוות נושא אלי קשב

הַמִּלִּים שֶׁמִּתַּחַת לָאֲגַם הַקָּפוּא

וְהַמַּיִם שֶׁחוֹתְרִים מִתַּחַת לַקֶּרַח
אֵינָם מַשְׁאִירִים סִימָנִים

צִפּוֹר מְקוֹמִית מֵעַל שָׂדוֹת לְבָנִים
מוֹצֵאת עִנְיָן לִקְרֹא לוֹ
לִשְׁאָר הַצִּפֳּרִים

בְּתוֹךְ הַשְּׁהוּת הַמְדֻמָּה רָאִינוּ
זְרָמִים נִסְתָּרִים
שֶׁאַתָּה הוֹלֵךְ לִקְרָאתָם מִכֹּחַ
הַקֶּשֶׁב וַאֲנִי הַזָּרָה יְכוֹלָה
לִפְגֹּשׁ רַק בַּנִּפְלָא
הַמְבַקֵּשׁ לְהִתְפָּרֵשׁ

צַלְיָנִית לִמְקוֹמוֹת שֶׁל פְּלִיאָה

הַקּוֹלוֹת הַדַּקִּים שֶׁל צִפֳּרֵי
כַּף הַיָּד כָּל עָנָף הוּא
מִנְחַת קַו הַתָּו
לְקוֹלָן

# Death Is Drawing Attention to Me

The words beneath the frozen lake

And the water that penetrates beneath the ice
Leaves no mark

A native bird flying above white fields
Has an interest in calling out
To the rest of the birds

In the imagined pause we saw
Hidden streams
That you go toward with full
Attention and I, being a stranger, am able
To only encounter them with the awe
Of one seeking interpretation

I am a pilgrim of wondrous places

The thin voices of birds
That fit in the palm of the hand, each branch
Is a landing strip, a musical note
For their voices

## משהו בַּנקפא קשוב

צִפֳּרִים שֶׁלֹּא יָדַעְתְּ
קוֹרְאוֹת בַּשֶּׁלֶג
וַאֲחֵרוֹת נוֹחֲתוֹת בַּצַּמָּרוֹת
עִירֻמּוֹת אֲבָל הַקְּרִיאָה נִשְׁמַעַת
כִּמְכַנֶּסֶת אֵלֶיהָ אֶת כָּל הַלְּבַד שֶׁבַּחוּץ
כְּשֶׁהָעוֹלָם מְכֻסֶּה בִּשְׂמִיכָה
וְרֵיחַ עֵצִים מְבֹעָרִים בָּאֲוִיר

מַשֶּׁהוּ בַּנִּקְפָּא קַשּׁוּב

הָעֲנָנִים מוֹשְׁכִים אֶת הָעֵצִים
לִשְׁלֹחַ שָׁרָשִׁים לְמַעְלָה וּלְהֵעָלֵם
בְּתוֹךְ הָאֱלֹהִי הַמְחַפֵּשׂ
לְהָפִיג אֶת חֹד הַצּוּרָה
בְּכָל זֶה אֲנִי מְחַפֶּשֶׂת אֶת הַמָּקוֹם
שֶׁיּוֹצִיא מִמֶּנִּי תֵּבָה
וְעוֹד תֵּבָה לִתְפִלָּה

אוּלַי אוֹצִיא אֶל הַקֶּשֶׁב
אֶת מַה שֶּׁקָּפָא

## Something Is Alive in Frozen Places

Unknown birds
Cry out in the snow
Others land on treetops
That are bare, but the call is heard
All who are alone gather around
As the world is covered in a blanket
And the scent of burning wood fills the air

Something is alive in frozen places

The clouds tug at the trees
To send their roots upward and vanish
Into the celestial realm that is seeking
To blunt the sharp end of the spear
In all of this I am searching for the place
Where an ark$^2$ will be found within me
And another ark for prayer

Perhaps I'll extract something alive
From what had been frozen

NOTES
·
ORIGINAL PUBLICATION
OF SELECTED WORKS BY
HAVA PINHAS-COHEN

# Notes

### Book One: from *The Color Is the Main Thing*

1. Mezuzot (singular: mezuzah) are parchments inscribed with biblical verses attached to the doorposts of Jewish homes.

2. Selichot are penitential prayers asking God for forgiveness. They are recited on the days preceding Rosh Hashanah until Yom Kippur.

3. A popular concert hall in Tel Aviv.

4. Elul is the name of the sixth month in the Hebrew calendar, initiating a period of repentance leading up to the festival of Rosh Hashanah.

5. A Tel Aviv café.

6. Slichot are penitential prayers asking God for forgiveness. They are recited on the days preceding Rosh Hashanah until Yom Kippur.

7. *El Malei Rachamim* (literally, "God of mercy") is a prayer of mourning recited at funerals among Ashkenazic Jews.

8. *Mizrachi* refers to the cultural traditions of Jews descended from Middle Eastern countries such as Iraq, Syria, and Lebanon.

9. A market in Tel Aviv.

10. Kol Nidre is the prayer recited in synagogue at the onset of Yom Kippur in the evening.

11. The Prayer for Rain (Hebrew: *Tefilat geshem*) is part of the Jewish liturgy recited on the eighth day of the holiday of Sukkot.

12. Literally, "high priest." Also a play on the poet's last name, Cohen.

13. One of the sounds made during the blowing of the shofar (ram's horn) on Rosh Hashanah signifying a call for repentance.

14. The Hebrew words used by the poet for opening (*peticha*) and closing (*ne'ila*) while giving birth also have other meanings. *Peticha* commonly refers to the opening of the ark in the synagogue when the Torah scrolls are removed, and *ne'ila* refers to the closing or final synagogue service at the end of Yom Kippur.

15. Elul is the name of the sixth month in the Hebrew calendar, initiating a period of repentance leading up to the festival of Rosh Hashanah.

16. The two lines "But as often . . . remember him still" are from Jeremiah 31:20, expressing God's love for Ephraim—usually a reference to God's enduring love for the people of Israel. Likewise, the expression used by the poet to end the poem—"my heart longs for him still" is part of the same verse from Jeremiah.

17. The plea to "answer us" (*aneinu*) is derived from a prayer of atonement that is recited on Jewish fast days.

18. A partition used in Orthodox synagogues, separating the women's and men's seating areas.

### Book Two: from *Journey of a Doe*

1. In Hebrew, the title of the poem is *Shem Meforash,* signifying the holiest name of God, and is often translated as "The Ineffable Name."

2. The poet is alluding to the ancient Jewish custom of *Kaparot*, which was performed on the day before Yom Kippur (the Day of Atonement). The original form of the Kaparot ceremony involved taking a chicken and waving it over a person's head while reciting a prayer that asks to transfer the person's sins to the bird. The bird is then slaughtered and eaten as part of the feast preceding the holiday fast. The ritual of Kaparot is not generally practiced today, except among some Hasidic sects.

3. Mezuzot (singular: mezuzah) are parchments inscribed with biblical verses attached to the doorposts of Jewish homes.

4. A reference to the biblical story of Abraham's sacrifice of Isaac (Genesis 22:1–19).

5. The poet ends this poem with the word *eicha* ("how/how could this happen"). It also refers to the Book of Lamentations (Hebrew: *Megilat Eicha*) that mourns the destruction of the Temple in Jerusalem in 586 BCE.

6. "The Almighty is God." This phrase is repeated seven times in the final prayer service of Yom Kippur.

7. Hebrew for "mom" or "mommy."

8. The Western Wall (Hebrew: *HaKotel HaMa'aravi* ) is a remnant of the wall surrounding the ancient Jewish Temple's courtyard, and is the most sacred site in Judaism today.

9. This image is derived from the book of Leviticus (18:28). In the biblical passage, the people of Israel are cautioned to follow God's ways lest the land vomit them out (that is, expel them) as it did to the nations who inhabited the land before them.

10. Hebrew for "holy or righteous one."

11. The Jewish ritual feast marking the beginning of the Passover festival.

### Book Three: from *A River and Forgetfulness*

1. The original title of this poem was "Masechet Nashim" ("Tractate: Women") but was later changed by the poet.

2. The biblical prophet Elijah successfully challenged the prophets of Baal on Mount Carmel (1 Kings 18).

3. The matriarch Rachel was buried on the road to Efrat (Genesis 35:19) rather than in the Cave of Machpelah. The midrash suggests that Rachel was buried there in order to pray for the Israelites who would eventually pass down that road into exile (Genesis Rabba 82:10).

4. The term *lechem panim* refers to the "bread of the Holy Presence" and is derived from the book of Leviticus 24:4–9. In English, it is usually translated as "showbread." It refers to the twelve loaves of bread offered by Israel to God each week as a kind of perpetual covenant. These twelve loaves are often interpreted as a symbol of the twelve tribes of Israel.

5. A well-known marketplace in Jerusalem.

6. In the biblical book of Joshua, the seventh of Nissan (the first month in the Jewish calendar) is the day that Joshua instructed the Jews to prepare themselves to cross the Jordan River and begin the conquest of Canaan.

7. The fifteenth of the Hebrew month of Shevat (also known as Tu B'shvat) is the day that marks the beginning of the "New Year for trees." This is the season in which the earliest blooming trees in the Land of Israel emerge from their winter sleep and begin a new fruit-bearing cycle. In the 1600s, the cabbalist Isaac Luria instituted the Tu B'shvat Seder, a ritual meal during which the fruits and trees of Israel were given symbolic meaning; it was believed that this ritual of eating the fruits of the land would bring human beings and the world closer to spiritual perfection.

8. Adar is a Hebrew month in early spring.

9. Of Near Eastern origin, that is, Hebrews, Arabs, and so forth, descended from the biblical figure of Shem, son of Noah (Genesis 5).

10. The tenth of Tishre is also known as Yom Kippur (or the Day of Atonement). Characterized by fasting and prayer, Yom Kippur is the most solemn and important holiday in the Jewish year.

11. Jews traditionally wear the color white during Yom Kippur to signify spiritual cleansing and renewal.

12. The poet refers here to the craftsmen and smiths of the Babylonian exile (Hebrew: *charash u'masger*). The Talmud (Gittin 88a and Sanhedrin 38a) speaks of the craftsmen as being such great Torah scholars that when one of them opened his mouth to speak, everyone else remained silent; similarly, the response to smiths was such that all would learn from them with closed mouths.

13. The reference is to the midrash about God chastising the angels for wanting to sing following the drowning of the Egyptians: "my creations are drowning, and you sing songs?" ("masei yadai tovim bayam, v'atem omrim shira?").

14. The first fruits were a sacrificial offering brought to the Temple by the ancient Israelites as an expression of religious devotion.

15. The phrase "all the song and praise uttered in the world" is taken directly from the Kaddish prayer: "Le-kol shirata ve-tushbekhata da-amiran be-alma."

16. This phrase is derived from the biblical story of Rebecca who, when pregnant with Jacob and Esau, felt the two babies struggling within her: "Vayitrotz'tzu ha'banim b'kirbah"—"and the sons were struggling inside of her" (Genesis 25:22).

17. The final books of the Hebrew bible.

18. The priestly blessing (Birkat Kohanim) is a prayer recited by the priests (*kohanim*) during specific religious services. In many traditional Jewish communities, it is the custom for men to spread their prayer shawls over their heads during the blessing and not look at the *kohanim*. If a man has children, they will also come under his prayer shawl. Women likewise are instructed to look away from the priests as they recite the blessing.

19. *Shabbat Shira* ("Sabbath of Song") refers to the Sabbath in which the weekly Torah reading, Beshalach, includes *Shirat Hayam*, the song that the Israelites sang after they crossed the Red Sea following their escape from Egypt.

20. The following lines allude to the drowning of the Egyptians and the singing of the Israelites after the crossing of the Red Sea.

21. A custom associated with Shabbat Shira is to place crumbs outside for the birds as a gesture of thankfulness for the birds' song.

22. In a manner reminiscent of Moses parting the sea, the prophet Elijah strikes the water of the Jordan River with his cloak causing the river to part. Following this feat he speaks and then is miraculously taken up to heaven in a fiery chariot (2 Kings 2:15).

23. Forty days is a block of time mentioned several times in the Bible. Here the poet may be referencing the forty days that the Israelites waited for Moses to return while he was on the mountain with God.

## Book Four: from *Poems of Orphe'a*

1. Song of Songs 7:10.

2. The thirty days (Hebrew: *Shloshim*) allude to the thirty days of mourning that according to Jewish law are to be observed by close relatives of the deceased.

3. A reference to Joseph's coat of many colors (Genesis 37:3) given to him by his father Jacob. This gift roused the jealousy of his brothers, who threw him into a pit and later sold him into slavery.

4. The word *mizrach* has two meanings. Its primary meaning is "east," but it also refers to an ornamental object that religious Jews hang on the eastern wall of their houses so that they know to face eastward (that is, toward Jerusalem) when they pray. The mizrach is often adorned with the city of Jerusalem or other symbols associated with the land of Israel, such as pomegranates. A popular medium for the mizrach is paper cutting, which is an example of Jewish folk art dating back to the fourteenth century.

5. The Vlatava is the longest river in the Czech Republic.

6. A figure derived from Jewish folklore, a golem is an image that comes to life, or an artificially created human being who is endowed with life by supernatural means.

7. A reference to Psalm 137: "By the rivers of Babylon, we sat and wept when we remembered Zion."

8. Nissan, the first month of the Hebrew calendar, is also the month during which the festival of Passover takes place.

9. Astarte (Hebrew: *Ashtar/Ashtarot*) is a goddess of the ancient Middle East, whose plural form is sometimes used as a general term for paganism in the Hebrew bible.

10. "When my soul fainted within me, I remembered the Lord" (Jonah 2:8).

11. From the Un'taneh Tokef prayer, a key part of the High Holiday liturgy.

12. According to Jewish custom, the first three days after burial of the dead is a time when people are discouraged from visiting the mourners, as the loss is still too fresh.

13. Wadi Qelt is a valley stretching from Jerusalem through the Judean Desert toward the Dead Sea.

14. The Hebrew title, *Marit Ayin*, refers to a concept in Jewish law that says that a Jew should avoid performing an action that may give the impression of violating a religious law. This is based on the idea that a false impression can cause others to misinterpret it, thereby influencing them to violate the law as well.

### Book Five: from *Messiah*

1. Latin for "son of God," a title used by the adopted son of Julius Caesar who, like his father, claimed status as a divine ruler.

2. Havdalah is the ritual to end the Sabbath on Saturday night.

3. These words are derived from Psalm 118 and are recited as part of the Hallel prayers during festivals.

4. Menachem son of Amiel is one of the names attributed to the Messiah in some Jewish apocalyptic texts such as *Sefer Zerubbabel*.

5. Menachem is one of the names for the Messiah in Jewish lore; the name also means a "comforter" or "consoler."

6. A city in northern Israel.

7. Arabic word for delicious fruit.

8. Arabic for "thank you."

9. Arabic for "you're welcome."

10. Arabic for "God willing."

11. Mezuzot (singular: mezuzah) are parchments inscribed with biblical verses attached to the doorposts of Jewish homes.

12. A figure derived from Jewish folklore, a golem is an image that comes to life, or an artificially created human being who is endowed with life by supernatural means.

13. Mezuzot (singular: mezuzah) are parchments inscribed with biblical verses attached to the doorposts of Jewish homes.

14. "Hear o Israel" are the first words of the *Shma Yisrael* prayer recited several times daily by traditional Jews, declaring the unity of God.

15. The phrase "*Mashiach* now" ("bring the Messiah now") is commonly used by adherents of the Lubavitch Hasidic sect in its attempt to hasten the coming of the Messiah.

16. The blue ox is a character in American folktales depicting the exploits of Paul Bunyan. The mythical ox is brought home by Bunyan and later becomes his trusted companion.

17. Israeli cooperative agricultural community.

18. The Hebrew month of Av occurs in the summer and is associated with a period of mourning for the tragic events in Jewish history that occurred during this month. At the same time, the holiday of Tu B'Av (the full moon of the month of Av) was, in ancient times, one of the happiest days of the year. In modern Israel, it is celebrated as a holiday of love.

19. This is a reference to the final words of the prayer Lekha Dodi. Composed in sixteenth-century Safed by the Cabbalist Shlomo Alkabetz, the hymn is sung at sundown on Friday night in order to welcome the Sabbath, which is visualized as a bride.

**Book Six: from *The Gardener, the Shrew, and the Harlot***

1. The pietà refers to a painting or sculpture of the Virgin Mary holding the dead body of Jesus and mourning his loss.

2. These final two lines of the poem are a variation on the Shma Yisrael prayer recited several times daily by traditional Jews, declaring the unity of God.

3. According to Jewish law, the act of closing the eyes of the dead is not permitted on the Sabbath and is compared in the Mishnah to murder (see Mishnah Shabbat 23:5).

**Book Seven: from *Seventh***

1. The word used here in Hebrew is *HaMakom*, which literally means "the place" but is also sometimes used as a euphemism for the unspeakable name of God. In that light, the line could also be translated as "He who gave me His name."

2. The use of the word "ark" (Hebrew: *tayva*) is reminiscent of two biblical stories where the ark serves as a receptacle for saving individuals from death: the ark in the biblical story of Noah and the flood, and the basket in which the infant Moses is placed by his mother.

# Original Publication of Selected Works by Hava Pinhas-Cohen

1989    *Hatseva Be'ikar* [The Color Is the Main Thing]. Tel Aviv: Am Oved.

1995    *Masa Ayalah* [Journey of a Doe]. Tel Aviv: Hakibbutz Hame'uchad.

1998    *Nahar Veshikhehah* [A River and Forgetfulness]. Tel Aviv: Hakibbutz Hame'uchad.

2000    *Shirei Orphe'a* [Poems of Orphe'a]. Tel Aviv: Hakibbutz Hame'uchad.

2003    *Mashiach* [Messiah]. Tel Aviv: Hakibbutz Hame'uchad.

2006    *Haganan, Haklavta, Vehasharmutah* [The Gardener, the Shrew, and the Harlot]. Tel Aviv: Hakibbutz Hame'uchad.

2008    *Shevi'it* [Seventh]. Tel Aviv: Hakibbutz Hame'uchad.

SHARON HART-GREEN has a PhD in modern Hebrew literature from Brandeis University and has taught Hebrew and Yiddish literature at the University of Toronto since 1988. She is the author of a book on the Nobel–prize winning author S. Y. Agnon called *Not a Simple Story: Love and Politics in a Modern Hebrew Novel*.